KB273991

원포인트 레슨

권용진 · 김준모 지음

가림출판사

 **책 머 리 에**

　최근 급속한 경제성장에 따른 생활수준 향상과 주5일 근무 실시에 따른 여가 확대는 사람들로 하여금 레저스포츠에 대한 관심을 증가시켰습니다. 그 중에서도 가장 사교적인 레저스포츠인 골프 인구는 아주 빠르게 증가하고 있으며 골프를 잘 하고자 하는 사람들도 점차 늘어가는 추세입니다.

　여러분도 골프를 잘 치고 싶으십니까? 그렇다면 골프를 잘 치기 위해 어떠한 노력을 하셨습니까?

　아마 대부분 골퍼들은 주변에서 골프를 잘 치는 아마추어 골퍼들에게 한두 번 지도를 받은 경험이 있을 겁니다. 그러나 거의 대부분의 경우는 결과에 대해 그리 좋지 않은 기억을 가지고 있을 것입니다. 전문적으로 골프 코칭을 받지 않은 사람들은 대체적으로 자신의 경험만을 토대로 지도하기 때문입니다.

　여러분은 연습장에서 어떤 방식으로 연습을 하십니까? 무조건 공을 똑바로 보내야 한다는 생각으로 연습하지 않습니까? 행여 슬라이스나 훅이 날까봐 불안해 하거나 자신 없는 클럽은 아예 연습조차 하지 않는 것은 아닙니까? 만약 그렇다면 여러분의 골프 실력은 다람쥐 쳇바퀴 돌듯 항상 제자리걸음만 하게 될 것입니다.

　연습장은 말 그대로 연습을 하는 곳입니다. 즉 자신 없는 클럽으로 익숙하게 잘 칠 수 있도록 연습하는 공간이고, 슬라이스가 나는 골퍼는 슬라이스를 잡기 위해 의도적인 훅도 쳐보아야 하는 곳입니다.

　골프를 잘 치기 위해서는 연습장에서는 항상 목적을 가지고 연습해야 합니다. 예를 들어, '이번 샷은 리듬을 생각하고 스윙을 해봐야겠다.' 또는 '이번 스윙은 체중이동이 어떻게 되는지에 대하여 생각해봐야겠다.' 등과 같은 목적을 가지고 스윙을 해야 합니다. 그러면 연습장에서는 비록 조금 잘 안 맞는 샷이 나올지 모르지만, 실

전에 가서는 그전보다 훨씬 향상된 샷이 나올 것입니다.

대부분의 아마추어 골퍼들은 항상 틀리던 부분만 틀리는 경향이 많은데, 이는 그 부분을 확실히 해결하지 못했기 때문입니다. 그래서 어떻게 하면 아마추어 골퍼들이 자주 하는 실수들에 대해 손쉽게 문제를 해결할 수 있을까 고민하다가 이렇게 책을 출판하게 되었습니다.

이 책은 처음 골프를 시작하시는 초보 골퍼보다는 최소 3개월 이상의 구력이 있는 골퍼들이 보기에 적합합니다. 기존의 책을 보면 거의 대부분이 그립으로 시작하여 어드레스, 셋업 등 가장 기본적인 내용으로만 구성되어 있어서 어느 정도 구력을 갖춘 골퍼들에게는 큰 도움이 되지 못하는 것이 사실이었습니다. 그래서 이 책에서는 기존 방식과는 다른 골프 팁의 형식으로 자신에게 문제가 되는 부분만 읽고 바로 인지하여 개선할 수 있도록 하였습니다. 또한 각자가 이르고자 하는 목표 타수에 도달할 수 있도록 세 부분(100타, 90타, 80타 깨기)으로 구성하였습니다.

독자 여러분이 골프에 재미를 느끼고 실력이 향상되기를 바라는 마음으로 최선을 다하여 이 책을 만들었습니다. 여러분의 골프에 대한 애정과 실력 향상에 조금이나마 보탬이 되었으면 하는 바람입니다.

2008년 6월

저자 일동

CHAPTER 01 — 100타를 깨기 위한 원포인트 레슨

CHAPTER 02 ｜ 90타를 깨기 위한 원포인트 레슨

CHAPTER 03 | ## 80타를 깨기 위한 원포인트 레슨

부록

ONE POINT
LESSON

CHAPTER 1

100타를 깨기 위한 원포인트 레슨

100타, 비기너 탈출을 위하여! 100타대를 치는 비기너 골퍼들의 대부분은 조각조각 끊어 스윙을 구사한다. 그 이유는 스윙을 만드는 기계적인 스윙에만 집중하기 때문이다. 그러나 그 방법보다는 몸을 하나로 움직이는 것에만 정신을 집중하면서 연습해야 한다. 그러면 스윙을 인위적으로 만들려는 노력 없이도 몸이 만들어낸 추진력에 의해 릴리스하고 임팩트하게 스윙이 이뤄지는 것을 느낄 수 있을 것이다.

잡는 방법에 따른 그립의 종류

오버래핑 그립

왼손의 집게손가락 위로 오른손의 새끼손가락을 올려서 겹쳐 잡는 방법으로 가장 보편적인 그립이다. 이 그립은 양손이 일체감을 느끼고, 파워를 내는 데 효과적이다.

인터로킹 그립

왼손 집게손가락과 오른손 새끼손가락을 얽히게 하여 맞물리게 하는 방법이다. 이 그립은 힘이 약한 여성 또는 손이 작은 골퍼들이 사용한다. 타이거 우즈, 잭 니클라우스도 이 그립을 사용한다.

베이스볼 그립

야구 방망이를 잡듯이 자연스럽게 잡는다고 하여 내추럴 그립이라고도 한다. 이 그립은 손이 작거나 힘이 약한 골퍼가 사용하며, 일관된 방향성을 기대할 수 없으므로 권장하지 않는다.

오버래핑 그립

인터로킹 그립

베이스볼 그립

손의 모양에 따른 그립의 종류

스퀘어 그립

가장 일반적인 그립으로 양손바닥을 서로 마주 보게 잡고 양손의 V자 끝이 명치
와 오른쪽 어깨 중간을 향하게 잡는다.

스트롱 그립

근육이 발달된 골퍼가 사용하기 적합한 그립으로 왼손과 오른손을 스퀘어 그립보
다 오른쪽으로 돌려 잡는 방법이다. 잡은 후 V자가 오른쪽 어깨보다 더 오른쪽을 향
하게 된다. 파워를 내기 위한 그립이지만, 훅이 날 확률이 높다.

위크 그립

스트롱 그립에 반대되는 그립이며, 슬라이스 그립이라고 한다. 전체적으로 왼쪽
으로 돌려 잡는 그립으로 팔에 근력이 약하거나 가슴이 큰 골퍼가 사용하기 용이하
며, 양손의 V자가 명치보다 왼쪽을 가리키는 모양이 된다.

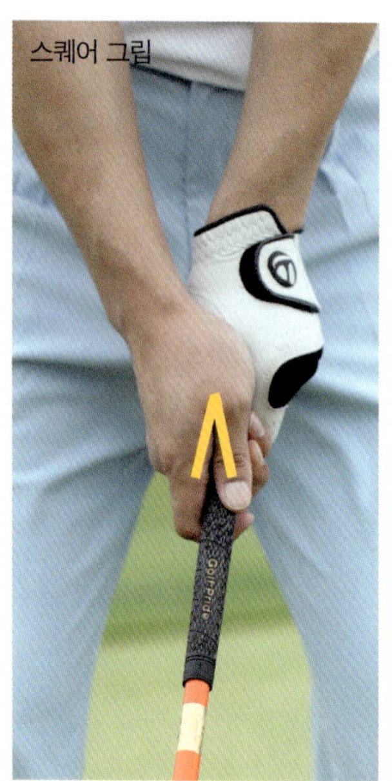

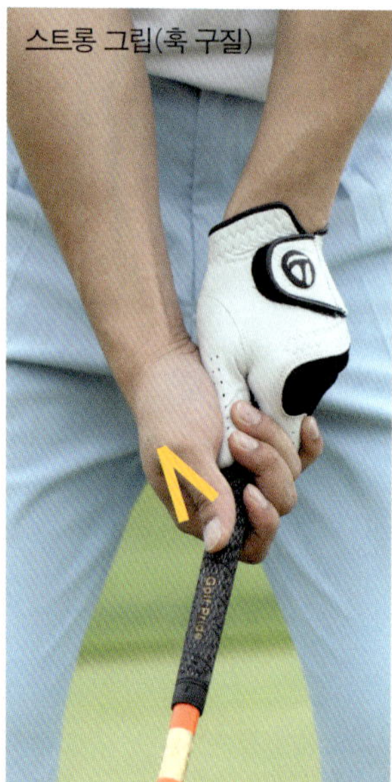

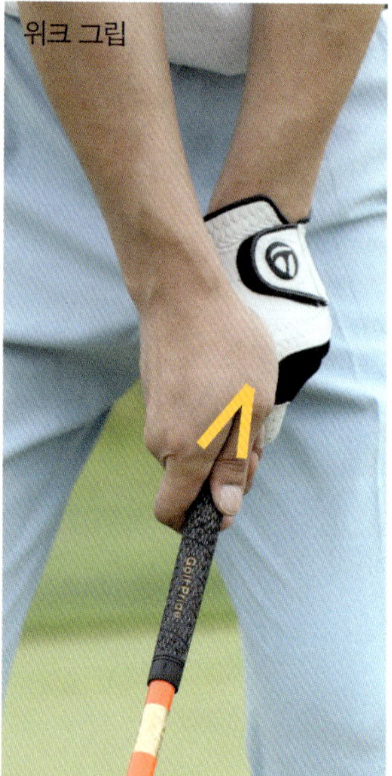

원하는 방향으로 볼을 보내도록 조준하라

　처음 목표 방향을 설정할 때 볼과 눈이 수직인 방향에서 보도록 하자. 이러한 동작은 눈과 목표 방향이 일직선이 되는 것을 방지할 수 있다.

　분명히 목표 방향으로 섰다고 생각했는데, 전혀 다른 방향을 조준하고 있다는 말을 같이 라운딩하는 동료에게 한 번쯤 들어봤을 것이다. 그것도 대체적으로 목표 방향보다 오른쪽을 조준했다고 하는 경우가 많을 것이다. 그 이유는 대부분 골퍼들이 셋업을 하는 동시에 방향을 조준하기 때문이다. 다시 말해, 목표 지점과 눈을 일치시킨 결과 눈보다 더 앞쪽에 있는 볼은 당연히 그 목표 지점의 오른쪽을 볼 수밖에 없기 때문이다.

3퍼팅 줄이기

10미터 이상의 거리에서 퍼팅을 할 때 한 번에 성공하려고 하면 오히려 더 큰 실수를 할 수도 있다. 그러므로 10미터 이상의 롱 퍼팅 시에는 한 번에 성공하려고 하지 말고, 항상 머릿속에 반지름 1미터 정도의 원을 생각하면서 그 안에 볼을 넣는다고 생각하고 퍼팅하는 습관을 갖도록 하라. 그러면 2퍼팅으로 마무리가 가능할 것이다.

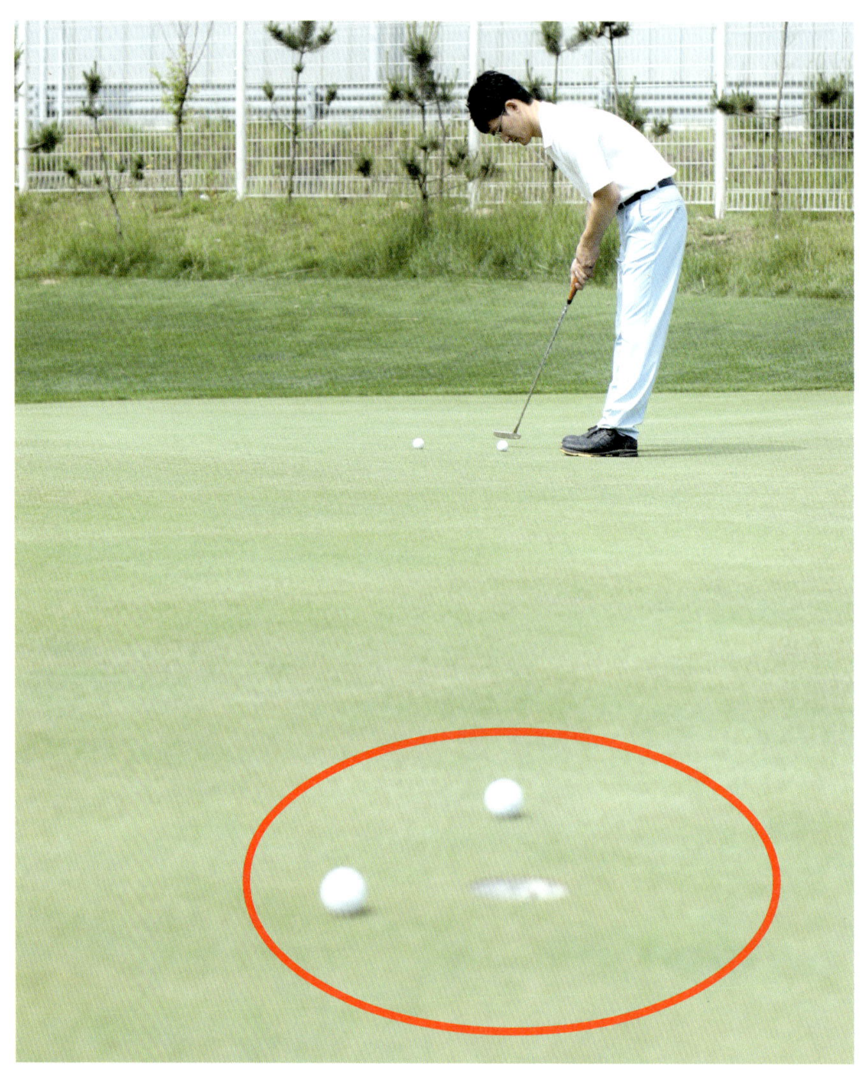

올바른 스윙을 하기 위해서는 어드레스가 중요하다

올바른 어드레스를 하기 위해서는 다음 두 가지를 알아야 한다.

1 머리에서 엉덩이를 이어주는 척추는 스윙의 축이므로 대체적으로 일직선을 유지하도록 한다. 무릎은 엉덩이와 같은 각도로 구부려야 한다. 다시 말해, 무릎은 쭉 편 상태에서 가볍게 힘을 뺀 정도로만 구부리면 된다. 너무 많이 구부리면 하체가 불안정해질 수 있고, 전혀 구부리지 않으면 하체의 회전이 감소하므로 주의해야 한다.

2 클럽을 잡을 때 오른손이 왼손보다 밑에 위치하므로, 오른쪽 어깨가 약간 내려간 역K자 모습을 하게 된다.

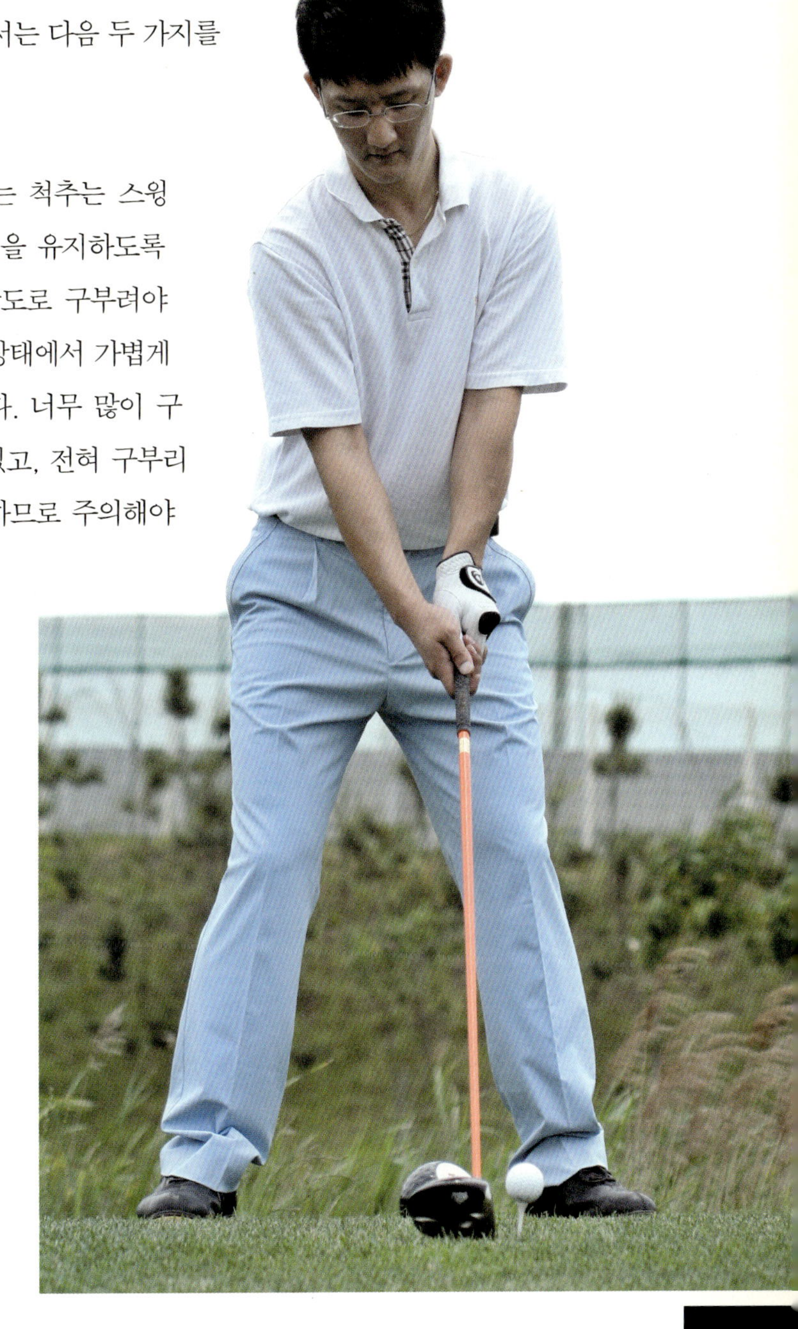

하프스윙 연습을 하라

거리가 50야드 정도 남아 있다면 당신은 어떻게 샷을 하겠는가?

실전 라운드에 나가보면 이처럼 짧은 거리의 샷을 할 경우가 빈번히 발생한다. 그러나 많은 아마추어 골퍼는 대부분 연습장에서 풀스윙만을 연습해 몸의 근육이 풀스윙에만 익숙해져 있어서 하프스윙에서는 제대로 볼을 맞히지 못한다. 아마추어 골퍼들은 하프스윙은 풀스윙을 배우기 위한 전 단계 정도로만 알고 풀스윙을 배우고 나서는 하프스윙을 할 생각조차 하지 않는다.

위 사진과 같이 골프백에 클럽을 올려놓고 하프스윙을 연습하자. 백스윙의 크기가 하프스윙보다 커지면 골프백에 올려놓은 클럽을 건드리게 되므로 주의해야 한다. 클럽이 닿지 않을 정도의 크기로 백스윙을 만드는 연습을 반복하다 보면 하프스윙에 익숙해질 수 있다.

하프스윙이 어느 정도 익숙해지면 1/4스윙, 3/4스윙 등 다양한 크기로도 연습을 해보자. 이러한 연습으로 100야드 이내의 샷을 할 때 자유자재로 거리를 조절할 수 있게 될 것이다.

우드와 아이언 셋업 시 볼의 위치를 다르게 하라

우드 클럽 사용 시 볼을 왼발 뒤꿈치와 일직선상에 위치시킨다. 우드를 사용할 때는 수평 이동 지점의 앞쪽으로 볼을 위치시켜야 한다.

〈사진 1〉은 우드 클럽을 사용할 때 볼의 위치이다. 임팩트 시 지면에서 가장 낮은 부분보다 약간 헤드가 올라가면서 임팩트되는 것이 가장 이상적이므로 그만큼 무게 중심을 오른발에 두어야 한다.

아이언 클럽을 사용할 때는 볼을 보통 스탠스 가운데 두어야 한다. 〈사진 2〉와 같이 볼을 위치시키고 스윙을 하지만, 클럽에 따라 짧은 아이언은 오른발 쪽으로, 긴 아이언은 왼발 쪽으로 약간씩 위치 조정이 가능하다.

스윙이 자연스럽게 연결되도록 연습하라

100타대를 치는 비기너 골퍼들의 대부분은 조각조각 끊어 스윙을 구사한다. 그 이유는 스윙을 만드는 기계적인 스윙에만 집중하기 때문이다. 그러나 그 방법보다는 몸을 하나로 움직이는 것에만 정신을 집중하면서 연습해야 한다. 그러면 스윙을 인위적으로 만들려는 노력 없이도 몸이 만들어낸 추진력에 의해 릴리스하고 임팩트하게 스윙이 이뤄지는 것을 느낄 수 있을 것이다.

퍼팅 트랙을
만들어 연습하라

라운드 도중 몇 번 안 오는 버디 찬스에 대한 부담감은 만만치 않다. 홀 컵에서 3미터 내외로 볼을 붙였을 때의 마무리 퍼팅은 더욱 그렇다. 자칫 하면 심리적으로 흔들리기 쉬운 거리인데 이때는 정확한 스트로크만이 성공 확률을 높일 수 있다. 효과적인 스트로크 방법은 퍼터가 목표에 직각인 상태를 유지하는 것이다.

이런 스트로크를 연습하는 최선의 방법은 퍼터가 다니는 길 즉 퍼팅 트랙을 만들어 연습하는 것이다. 주변에서 흔히 구할 수 있는 볼 박스, 책, 나무토막 또는 골프 클럽 등의 도구를 가지고 사진과 같이 트랙을 만들면 된다. 이때 눈금 등으로 거리를 표시하고 백스윙의 비율에 따라 볼이 얼마만큼 굴러가는지 계산해보면 실전에서 큰 효과를 볼 수 있다.

셋업 때 타깃을 확인하라

정렬은 골프에서 가장 중요한 기본 요소 중 하나이다. 강하게 친 샷이 타깃에서 약 10미터 이상 벗어나는 것보다 나쁜 것은 없다.

많은 아마추어 골퍼들이 어드레스에서 타깃에 대한 정렬을 할 때 눈을 사용하지 않는다. 그러나 타깃과 이루는 직각이 의미하는 바를 인지하고 셋업을 할 때 볼이 아니라 타깃을 보아야 한다. 타깃을 바라볼 때 몸이 자신이 바라보고 있는 타깃에 반응한다. 이것으로써 자신이 제대로 셋업을 했는지 확인할 수 있다.

클럽을 낮게 하여 천천히 빼내라

　클럽을 너무 빨리 움직이는 골퍼라면 다음 연습법이 효과적일 것이다. 7번 아이언을 들고 어드레스 자세를 한 뒤 또 다른 볼 하나를 클럽 헤드의 뒤편에 둔다. 그리고는 테이크 어웨이를 할 때 천천히 낮게 한다는 생각으로 클럽을 움직이면서 볼을 뒤쪽으로 굴리는 연습을 한다. 일정한 템포를 유지하면서 부드럽게 스윙을 하려면 볼이 클럽 헤드에서 떨어질 때까지 굴러가게 해야 한다.

두 발을 붙인 채 스윙하라

몸의 균형을 유지하고 자신에게 맞는 스윙 템포를 익히기 위해서는 두 발을 붙인 채 스윙을 해보는 것이 효과적이다. 종종 비기너 골퍼들 중에 스윙 템포를 무조건 빠르게 해야 비거리가 향상되는 줄로 잘못 알고 있는 사람이 있다. 그러나 자신에게 맞는 템포를 알고 항상 일관된 템포로 스윙하는 것이 중요하다.

팔을 이용해 스윙을 하면서 몸을 뒤쪽으로 꼬았다가 다시 푸는 연습을 반복해보자. 그리고 난 후에는 그 템포를 기억하며 보통의 스탠스로 스윙 연습을 하면 매우 효과적이다.

손목을 고정시키고 연습하라

퍼팅 스트로크의 기본은 손목을 고정하고 어깨를 시계추처럼 움직이며 치는 것이다. 아주 간단한 기술이지만 가장 어려운 동작이기도 하다.

퍼팅 스트로크를 할 때는 어깨와 양팔이 이루는 삼각형을 유지하며 헤드를 피스톤처럼 움직인다. 테이크 백에서 라인에 따라 헤드를 직선으로 당기고 다운스윙도 직선으로 내리면서 한다. 임팩트 후에도 라인을 따라 헤드를 밀어준다. 헤드를 라인과 평행하게 움직이고 페이스면을 항상 스퀘어로 유지하는 것이다. 스트로크를 하는 중에 손목이 꺾이면 페이스 중심에 볼이 맞지 않아 라인대로 굴러가지 않으므로 무엇보다 손목의 꺾임을 주의한다.

헤드업을 하지 말고 퍼팅하라

퍼팅 스트로크에서 가장 많은 미스를 내는 것이 머리를 드는 것 즉, 헤드업이다. 스트로크가 완전히 끝날 때까지 머리를 들어서는 안 된다. 지극히 기본적인 이론이지만, 목표 지점에 볼이 가까이 갈수록 왠지 눈이 볼을 따라가게 되면서 저절로 고개가 들려진다. 그러나 볼을 홀에 넣고 싶다면 헤드업은 금물이다.

퍼팅 스트로크는 작은 움직임이기 때문에 작은 오차가 나도 큰 미스로 이어진다. 이를 예방하기 위해서는 항상 동일한 어드레스보다 기계적인 스트로크와 헤드업을 하지 않는 것이 중요하다. 이러한 기본을 충실히 지킨다면 스코어 향상을 기대할 수 있다.

볼이 얼마만큼 굴러가는 것과 상관없이 머리는 항상 들지 않도록 한다. 그래야만 페이스 각도와 스트로크 궤도가 변하지 않고 볼을 라인대로 실어 보낼 수 있다.

다리를 움직이지 말고 퍼팅하라

평소대로 스탠스를 한 다음 고무공을 무릎 사이에 끼운다. 공이 빠지지 않도록 조금 누르면서 안정된 자세를 한다. 이런 식으로 퍼팅을 하면 일관된 스트로크를 위해 하체를 고정하고 안정감을 유지하는 데 도움이 된다.

정확한 임팩트와 궤도를 만들 수 있도록 볼의 위치를 잡으라

임팩트를 개선하고 볼을 직선으로 날아가게 하려면 다음과 같은 연습법을 활용해 보는 것이 효과적이다.

먼저 볼 앞으로 타깃 라인을 따라 10야드쯤 떨어진 지점을 하나 고른다. 볼이 오른쪽으로 지나간다면 스탠스에서 볼이 너무 뒤로 처진 경우일 확률이 높다. 반면에, 중간 표적의 왼쪽으로 빠진다면 스탠스 시 볼의 위치가 너무 앞에 있었을 가능성이 있다. 클럽 페이스가 타깃선과 직각이 되는 볼의 위치는 단 하나뿐이므로, 그 위치를 찾는 것이 중요하다. 그러기 위해서는 주변 사람들에게 자주 확인을 받는 것이 좋을 것이다.

올바른 팔로스루를 하라

골프 경기에서 프로 선수들이 퍼팅하는 것을 보면 백스윙은 적고 팔로스루가 큰 스트로크를 볼 수 있다. 언뜻 보면 볼이 아주 약해서 홀컵에 안 들어갈듯 하지만, 곱게 굴러가 홀컵에 떨어진다. 볼이 얼마나 바르게 많이 굴러 가는가에 따라 퍼팅 능력을 가늠할 수 있다.

위와 같이 어드레스 시 클럽 헤드를 볼에 붙인 상태에서 백스윙을 하지 않고 팔로스루만으로 볼을 굴린다. 이러한 연습을 하면 팔로스루가 어떤 궤도로 움직이는지 알 수 있다. 올바르고 정확한 팔로스루를 해야만 거리 조절이 가능하다. 즉 강약이 맞아 떨어진다. 백스윙이 다소 잘못되었다 하더라도 팔로스루가 정확하고 올바르다면 볼은 제대로 굴러간다.

짧은 칩 샷은 스윙 궤도를 일자로 하라

그린 주변에서 짧은 칩 샷을 남겨 두었을 때 무엇보다 중요한 것은 스윙 궤도를 똑바로 해주는 일이다. 피치 샷이나 하프스윙을 할 때는 풀스윙과 마찬가지로 인투 인의 궤도를 그려야 하지만, 짧은 칩 샷은 타깃 방향으로 똑바른 스윙 궤도를 따라 스윙해야 한다. 롱 퍼팅에서의 부채꼴 모양과 쇼트 퍼팅에서의 직선으로 하는 것과 같은 방법으로 칩 샷을 한다.

연습은 퍼팅 연습과 같이 두 클럽을 나란히 홀컵을 향해 놓은 다음 클럽 헤드가 바닥에 놓인 샤프트 사이를 벗어나지 않도록 의식하며 한다.

몸의 균형을 잡을 수 있도록 자세를 유지하라

완벽한 피니시까지 사진과 같이 스윙을 한 후 볼이 멈출 때까지 이 자세를 유지한다. 몸이 한 쪽으로 기울어지거나, 발을 끌지 않고 이 동작을 할 수 없다면 균형이 흐트러졌거나 체중 이동을 제대로 못 했다는 뜻이다. 이런 방법으로 피니시에 초점을 맞추기 시작하면 템포 조절과 체중 이동이 개선된다.

손목을 기울여서 슬라이스를 교정하라

슬라이스를 하지 않기 위해서는 백스윙 톱일 때 왼쪽 손목을 손바닥 쪽으로 기울이고 있어야 하며, 클럽 샤프트는 타깃의 왼쪽을 향하게 해야 한다. 보통 골퍼들은 백스윙 톱에서 왼쪽 손목이 약간 손등 쪽으로 기울어지는 자세를 한다. 그러나 스윙의 톱에서 왼쪽 손목을 손바닥 쪽으로 기울이면 클럽 페이스가 닫히게 되어 오른쪽에서 왼쪽으로 휘어지는 드로나 훅이 구사될 수 있다.

드라이버 샷을 잘하려면 스윙을 둥글게 만들어라

만약 고가의 드라이버를 샀는데 그것이 잘 맞지 않다면 어떻게 해야 할까? 드라이버는 그보다 짧은 클럽들에 비하여 스윙면을 좀 더 수평에 가까운 평평한 형태로 가져가야 하게끔 디자인되어 있다. 그렇기 때문에 드라이버 샷을 잘하려면 몸을 중심으로 하여 클럽 헤드를 좀 더 둥글게 휘둘러야 한다.

쇼트 퍼팅 성공 비법

쇼트 퍼팅을 놓치는 경우는 스트로크 자체에 집중하지 않고 볼이 홀 속으로 들어가야 한다는 것에만 집착하기 때문이다. 쇼트 퍼팅을 성공하려면 평소와 같은 가벼운 그립을 쥘 때의 힘으로 퍼터를 잡고 시선은 볼의 바로 위에 두어야 한다. 그리고 다리를 안정적으로 유지하고, 볼을 통과할 때 퍼터를 가속시켜야 한다. 퍼팅 스트로크가 아무리 짧아도 절대로 감속해서는 안 된다.

페어웨이에서의 벙커 샷은
아이언 샷을 하듯이 하라

페어웨이 중간에 있는 벙커 샷은 그린 주변 벙커 샷과는 매우 다르다. 오히려 페어웨이에서의 일반적인 아이언 샷과 더 흡사하다. 따라서 모래가 아니라 볼을 먼저 맞혀야 한다. 긴장을 풀고 회전 동작을 정확히 하는 한편, 제어력를 확보하기 위해 평소보다 스윙을 약간 짧게 해야 한다. 안정적으로 스윙을 구사하고, 임팩트를 하는 순간 스윙 궤도를 하향 각도로 계속 움직여준다고 생각해야 한다. 그리고 임팩트 때 클럽이 볼을 맞히는 타격음이 들리도록 해야 한다.

가장 안전한 볼을 치는 방법

좌우로 OB 등과 같은 위험요소가 있을 경우 티샷 시 가장 중요한 것 중 하나는 페어웨이에 볼이 안착하게 하는 것이다. 보다 안전한 샷을 하기 위해서는 다음과 같은 방법이 효과적이다.

스탠스는 스퀘어로 하고 어깨는 타깃 라인에 평행하게 한다.

어드레스를 할 때 타깃 이 외의 다른 곳을 봐서는 절대 안 된다. 좌우에 있는 위험 요소를 자주 보면 스윙 시 자신도 모르게 그것을 너무 의식하게 되어 샷을 제대로 할 수 없게 될 수 있으므로 주의해야 한다.

멀리 있는 타깃에 클럽 페이스를 맞히기는 상당히 어렵기 때문에 표적선상의 한 지점(바로 앞의 낙엽이나 디벗 등)을 정해서 타깃과 클럽 페이스를 직각으로 맞혀야 한다. 프리샷 루틴은 항상 일정한 패턴으로 하는 것이 중요하기 때문이다.

보다 안정된 샷을 하기 위해서는 대략 손가락 한 마디 정도 짧게 그립을 잡는 것이 좋다. 그립을 짧게 잡을수록 아크가 작아지므로 미스가 날 확률이 줄어든다.

톱 스윙 시 평소보다 스윙을 약간 작게 하되 어깨 회전은 평소와 마찬가지로 충분히 해야 한다. 실수를 할 수 있는 요인을 줄이면 보다 안정적으로 스윙을 할 수 있기 때문이다. 그러나 평소 거리보나는 볼이 조금 적게 날아가는 것을 감안해야 한다.

낮게 구르는 칩 샷을 만들어보라

낮게 구르는 칩 샷을 만들기 위해서는 클럽 헤드를 볼의 오른발 쪽에 위치시켜야 하고, 정확한 임팩트를 하려면 어드레스 시 샤프트를 약간 왼쪽으로 기울여야 한다. 체중은 왼발 쪽에 싣고, 다운블로를 구사해 정확한 칩 샷을 만들어내도록 한다. 그러면 가파른 백스윙과 정확한 임팩트를 유도해 낮은 탄도의 볼을 만들 수 있다. 거리 제어를 위해 초보자들은 많은 클럽을 사용하기보다는 하나의 클럽을 정하여 연습해야 실전에서 좀 더 높은 효과를 얻을 수 있다.

경기 후에 항상 연습하는 습관을 기르라

투어 프로 골퍼들은 경기를 마친 후 항상 연습을 한다. 경기가 아주 잘 풀렸을 때
는 가장 약했던 부분 위주로 연습하면 되지만, 전체적으로 경기가 잘 풀리지 않
았을 때는 처음부터 끝까지 모든 과정을 연습한다. 경기 후에 하는 연
습은 어느 정도의 자신감을 되찾는 데 큰 도움이 된다. 아마추어 골
퍼들은 경기 후에 항상 연습을 해야 하며, 발끝 정렬선을 따라 클
럽을 내려놓고 몸의 정렬 상태를 점검하는 연습 또한 소홀히 해
서는 안 된다.

벙커에서 거리 조절은 팔로스루로 가능하다

팔로스루의 크기는 볼을 보내고자 하는 거리에 따라 조정해야 한다. 팔로스루를 길게 할수록 더 강하게 가속이 되어 볼이 더 멀리 날아간다.

피니시를 조정하면 다양한 벙커 샷을 손쉽게 구사할 수 있다. 사진은 짧은 벙커 샷을 하는 경우인데, 이 경우는 클럽이 가슴 앞쪽에 왔을 때 피니시를 마무리한다(사진 1). 중간 거리일 경우는 양손을 어깨 높이에 두어야 하며(사진 2), 긴 거리일 경우는 거의 피니시를 끝까지 해야 한다(사진 3).

일정한 템포의 스윙 리듬을 가지라

스윙을 시작하기 전에 항상 마지막으로 생각해야 할 것은 평소보다 좀 더 느긋한 템포를 유지해야 하는 것이다. 클럽을 앞, 뒤로 부드럽게 움직이는 시계추와 같다고 생각하고, 모든 클럽을 똑같은 속도로 움직여 편안하게 스윙하려고 해야 한다. 물론 긴 클럽을 사용하면 스윙하는 데 걸리는 시간이 약간 길어지지만, 그렇다고 템포가 빨라져서는 절대 안 된다. 또한 스윙은 스스로 조절할 수 있고 한결같아야 한다.

적은 힘으로 파워 샷을 구사하기 위해서는 볼을 친 후 타깃 선을 따라 클럽을 길게 뻗어주어라

파워 샷을 구사하기 위한 열쇠 중 하나는 볼을 친 후 타깃 선을 따라 클럽을 길게 뻗어주는 동작에 있다. 이 동작 시 클럽을 완전히 뻗어주기 위해 타깃과 악수하듯이 팔을 움직여 오른손이 보이도록 손목 위치를 바꾼다. 이때 스윙 내내 백스윙이나 다운스윙의 스윙면과 일치시키도록 클럽을 가져가야 한다. 원하는 방향으로 클럽을 뻗어주기 위해 원하는 피니시 형태를 상상해보는 것도 큰 도움이 된다. 이런 과정을 거치면 큰 힘을 들이지 않더라도 자신도 모르게 파워가 생기며, 정확성까지 높아지는 스윙을 하게 될 것이다.

타깃을 꼭 정하고 연습하라

연습장은 스윙의 기술적인 문제점을 고쳐나가는 곳이기도 하지만, 라운딩 중의 일관되지 못한 샷을 일관성 있게 연습하는 곳이기도 하다. 필드에 나가면 연습장에서 연습한 샷이 게임의 일부가 된다.

타깃을 설정하는 것은 세 가지 이유에서 중요하다. 첫 번째로 몸의 정렬 상태를 점검할 수 있고, 두 번째로 연습이 흥미로워지기 때문에 무조건 볼을 쳐내는 것에만 집중하지 않을 수 있으며, 세 번째로 볼이 궤도에서 빗나가면 난관에 빠지게 되는 실제 상황에서 느끼는 긴장과 압력을 미리 체험해 볼 수 있다. 연습장에서뿐만 아니라 필드에서도 실력 있는 플레이어가 되고 싶다면 타깃을 겨냥하는 연습을 연습장에서도 하는 것이 좋다.

실력에 맞는 벙커 샷 요령을 익히라

벙커에서 100타대의 비기너 골퍼는 절대로 홀컵에 가까이 볼을 붙이려고 노력하면 안 된다. 볼을 홀컵에 붙이기보다는 일단 벙커를 탈출시키는 것이 더 중요함을 알아야 하며, 그에 맞는 기술을 먼저 습득하는 것이 우선이라 할 수 있다.

벙커에서는 바운스가 충분한 웨지를 골라서 피치 샷을 할 때 사용하는 보통 스윙을 해야 한다. 스탠스는 볼과 타깃 선이 평행이 되도록 하되, 클럽으로 볼이 아닌 모래를 먼저 칠 수 있도록 볼을 앞쪽(왼발 쪽)에 둔다. 그리고 클럽이 볼보다 모래를 먼저 타격하며 미끄러지듯 통과할 수 있도록 해야 한다.

사진과 같은 방법으로 연습을 해보자. 모래 안에 스탠스와 수직이 되도록 긴 선을 그린 다음, 그 선에 맞추어 준비 자세를 한 뒤, 그 선이 볼이라 생각하고 연습해보자. 이 방법으로 연습하면 클럽이 모래 속으로 들어가는 위치를 조절하는 법을 자연스럽게 습득할 수 있다.

평평한 라이를 만들어라

필드에서는 항상 평탄한 곳에서만 스윙을 하는 것이 아니다. 지형에 따라 여러 가지 고르지 않은 라이에서 볼을 쳐야 하는 상황을 종종 만나게 된다. 볼이 발보다 위쪽이나 아래쪽에 놓이게 되거나, 더 심각한 경우 측면 경사에 오르막이나 내리막이 있을 수도 있다.

그러나 너무 두려워 할 필요는 없다. 이러한 경우 꼭 알아두어야 하는 것은 최대한 평평한 라이를 만드는 것이다. 다시 말해, 척추를 경사에 맞춰 마치 평평한 땅에서 셋업을 하는 것처럼 해야 한다. 볼이 발 아래쪽에 놓여 있다면 몸을 앞으로 더 구부리고, 볼이 발 위쪽에 있다면 약간 뒤로 젖혀야 한다. 왼발이 오른발보다 낮다면 왼쪽으로 몸을 기울여야 하며, 오른발이 왼발보다 낮을 때는 오른쪽으로 기울여야 한다. 그러면 경사지의 부담감을 없엘 수 있다.

오르막 칩 샷의 비결

　오르막 칩 샷이나 피치 샷은 볼의 반응만 이해한다면 그리 어렵지 않은 샷이다. 오르막 칩 샷을 하면 평평한 라이에서 하는 칩 샷보다 볼이 더 높이 솟아 짧은 거리를 날아가고, 구르는 거리 또한 더 짧아진다.

　오르막의 경사가 로프트에 도움이 되기 때문에 볼을 띄우는 것은 쉽다. 클럽 선택은 홀컵의 위치, 그린의 기울기와 결, 그리고 바람 등에 따라 좌우하되, 샌드 웨지보다 피칭 웨지, 혹은 9번 아이언을 사용한다.

　이 샷을 할 때는 페이스를 조금 오픈한 후 스윙 아크의 최저점에서 볼을 강하게 친다. 관건은 속도를 줄이지 않는 것이다. 체중을 오른발 안쪽에 싣고, 어깨가 지면과 평행이 되게 정렬한다. 다시 말해, 오른쪽 어깨를 왼쪽 어깨보다 낮게 한다.

벙커에서 쉽게 탈출하는 방법

흔히들 벙커 샷을 어렵다고 생각하여 시작하기 전부터 겁을 먹는 경우가 있는데, 그러면 거의 100퍼센트 벙커 탈출을 실패하게 된다. 그러나 벙커 샷은 그리 어려운 샷이 아니다. 여기서 설명하는 몇 가지 핵심만 이해한다면 어느 벙커에서라도 쉽게 빠져나올 수 있을 것이다.

1 어드레스 때 클럽 페이스를 오픈한다. 헤드의 리딩 에지가 아니라 솔이 먼저 모래에 닿도록 한다.

2 볼 뒤로 대략 3센티미터 정도 뒤를 치며 힘껏 스윙한다.

3 중간에 멈추는 일 없이 팔로스루를 끝까지 한다.

그러나 가장 중요한 것은 벙커 샷을 하기 위해 벙커로 들어갈 때 '할 수 있다'라는 자신감이다. 무엇보다 두려움을 없애야 좋은 결과를 얻을 수 있다.

원하는 지점으로 칩 샷 연습하기

칩 샷을 할 때 대부분 골퍼들은 홀컵만을 응시하는 경우가 종종 있는데, 이는 잘 못된 방법이다. 그보다는 볼이 멈추어 설 지점에 초점을 맞추면 홀컵까지 거리와 그린의 라이를 더 쉽게 파악할 수 있고, 적절한 클럽을 선택하는 데도 도움이 된다.

몇 개의 다른 클럽으로 서로 다른 타깃을 향해 탄도를 달리해가며 칩 샷 연습을 꾸준히 한다면 쇼트 게임이 몰라보게 좋아질 것이다.

벙커 탈출 성공하기

벙커 샷을 조절하기 원한다면 같은 지점의 모래를 일관되게 쳐내야 한다. 체중을 발 앞쪽에 싣고, 앞쪽으로 기울인 축을 중심으로 몸을 회전해야 한다. 다시 말해, 볼의 위치에서 뒤쪽으로 몸이 기울어지면 안 된다. 역피벗 같은 느낌이 들지만, 역피벗이 아니므로 걱정할 필요는 없다. 그리고 그립 끝이 아니라 클럽 헤드에 속도를 붙여줘야 한다.

손목은 얼리 코킹하고, 임팩트 구간에서 공격적으로 릴리스해야 한다. 백스윙이나 팔로스루 때에는 그립을 몸의 중심에서 멀리 움직이지 않도록 주의한다.

피칭 웨지로 볼을 굴려라

피칭 웨지의 리딩 에지가 샌드 웨지의 리딩 에지보다 더 일자이므로 타깃을 정확하게 조준하여 임팩트하면 볼을 더 정확하게 홀컵 가까이로 붙일 확률이 높아진다. 그러므로 그린 가장자리에서 볼을 굴리는 어프로치 샷일 경우에는 샌드 웨지보다는 피칭 웨지를 사용하는 것이 좋다.

피칭 웨지의 일자 리딩 웨지

샌드 웨지의 약간 오픈 된 리딩 웨지

러프에서는 다운스윙을 가파르게 하라

러프에서는 평소보다 스윙을 가파르게 해야 한다. 임팩트 구간을 쓸어내듯이 지나가는 게 아니라 볼의 뒤쪽을 향해 곧장 내려쳐야 한다.

스윙을 가파르게 하기 위해서는 볼이 날아갈 때까지 손목 각도를 일정하게 유지하면서 임팩트 때 손이 클럽 헤드보다 앞서 나가게 해야 한다.

체중을 발 앞 쪽에 싣고 칩 샷 연습하기

빈 페트병 또는 음료수 캔 등을 이용해 체중을 발 앞에 싣고 칩 샷 성공률을 높여 보도록 하자.

100타대를 기록하는 골퍼들이 그린 주변에서 가장 자주 보여주는 모습은 칩 샷을 할 때 타깃의 반대쪽으로 몸을 기울이면서 볼을 공중으로 띄우려 하는 것이다. 미스 샷이나 얇게 빗맞는 샷이 종종 나오는 이유는 바로 이 때문이다.

오른발을 빈 페트병 위에 얹고 연습하는 것은 체중이 샷을 하는 내내 앞쪽으로 실리면서 임팩트 구간에서 다운블로가 나올 수밖에 없으므로 칩 샷에 효과적인 방법이다.

샤프트 중간을 잡고 칩 샷을 해보라

칩 샷을 완벽히 하기 위해서는 스윙을 길게 하고 손목을 단단히 고정해야 한다. 팔만을 이용하여 다운스윙을 하는 동안에는 몸이 타깃을 향해 회전하게 된다. 그러 므로 샤프트 중간을 잡아 그립 끝이 왼쪽 엉덩이 바깥쪽을 향하게 해야 한다.

테이크 백에서 손목을 살짝 꺾어 클럽의 그립 끝부분이 몸통 옆을 건드리지 않도 록 해보자. 이번에는 손목이 꺾인 상태를 유지한 채 몸을 타깃 쪽으로 틀면서 다운 스윙을 해보자. 이때 스윙을 하는 동안 그립의 끝이 몸에 닿지 않도록 해야 한다.

사진과 같은 방법은 손목의 꺾임 등을 방지하는 데 큰 효과가 있으므로, 평소에 이와 같은 방법으로 꾸준히 연습해야 실전에서 미스를 줄일 수 있다.

구간별 골프 스윙

어드레스

골프 스윙의 원리를 이해할 수 있도록 이에 관해 각 구간별로 알아보자.

　정면(사진 1, 2)에서 볼 때 척추가 타깃의 반대 방향으로 약간 기울어진 것은 임팩트 시 자세(사진 3, 4)로 되돌아가기 위한 준비라고 할 수 있다.

　스윙 시 최대의 원심력을 발휘하려면 〈사진 1, 2〉와 같이 몸의 중심축과 클럽 샤프트가 수직이 되어야 한다.

　골프 클럽의 길이에 따라 조금씩 각도의 변화가 생길 수 있으나 항상 중심을 잡도록 노력하여야 한다.

테이크 어웨이

팔을 이용하기보다 몸의 중심축을 기준으로 몸통을 비튼다.

백스윙

백스윙 톱까지 옆면에서 본 척추 각도는 항상 그대로 유지해야 하며, 골반과 상체만 틀어 최대한 허리를 비틀어 힘을 축적해야 한다. 즉, 허리의 비틀림이 많아지게하기 위해서는 하체를 고정해야 한다.

다운스윙

다운스윙 시 만들었던 꼬임을 백스윙 시에는 풀어주면서 동작해야 한다. 체중은 앞쪽으로 이동하고, 척추의 각도는 그대로 유지하고 있어야 한다. 무릎을 고정하고 골반과 척추의 순서로 꼬임을 풀어주어야 한다.

임팩트

임팩트 시 꼬여있는 상체와 골반은 어드레스 때와 같은 상태로 풀려 있다. 최대 원심력을 얻기 위해 발가락 쪽으로 몸을 지탱한 채 척추를 표적의 반대 방향으로 기울여야 한다.

팔로스루

팔로스루 또한 척추의 각도와는 상관없이 그대로 유지해야 한다. 임팩트 시의 힘에 의해 팔은 표적 방향쪽으로 향해 있고, 머리는 팔과 반대 방향으로 놓여 있어야 한다.

피니시

체중이 거의 왼발로 이동되고, 머리 또한 이동되어서 척추가 일자로 놓여 있어야 한다. 사진 속 옆 모습을 보면 척추가 일자로 펴진 것을 알 수 있다. 즉, 척추가 골반과 함께 돌아가 있지만 단지 옆으로 기울어져 있을 뿐 곧게 펴져 있음을 알 수 있다.

흔히들 머리가 스윙의 중심이라 잘못 생각하여 머리를 고정하는 경우가 종종 있는데, 위에서 말한 전체 스윙을 보면 머리가 아니라 척추가 스윙의 중심이다. 항상 골프 스윙 시 몸의 중심이 머리가 아닌 척추에 있음을 잊지 말아야 한다.

백스윙의 크기로 거리를 조절하라

동일한 클럽으로 비거리를 좀 더 길게, 또는 좀 더 짧게 조정하는 방법은 여러 가지가 있다. 하지만 일관성 있게 하려면 백스윙 때 왼팔의 위치로 거리를 조절해야 한다.

스윙 템포는 평소와 똑같은 상태에서 가지고 있는 모든 웨지로 풀 샷(왼팔을 10시 방향에 둔다)과 하프 샷(왼팔을 9시 방향에 둔다)을 한다. 그리고 볼이 얼마나 날아가는지 기록한다. 이제 모든 웨지에 두 가지 기본 비거리가 생기게 되었으므로, 100야드 이내의 거리에서 좋은 결과를 얻고, 안정적인 게임을 펼칠 수 있게 될 것이다.

Golf declaration

골프 황제 잭 니클라우스가 말하는 골프의 구성 요소 가운데 50퍼센트는 정신적인 것, 40퍼센트는 셋업, 그리고
나머지 10퍼센트는 스윙이다.
                                                                    – 던 쟁킨스(골프 작가)

비기너가 몸을 충분히 틀지 않는 것은 몸을 틀수록 볼에서 멀어진다는 공포심 때문이다.
                                                                    – 찰스 무어(미국. 프로 골퍼)

비기너의 큰 결점은 좋아하는 샷만을 연습하고 싫어하는 샷을 연습하지 않는 데 있다.
                                                                    – 버너드 다윈(영국. 골프 평론가)

ONE POINT LESSON

CHAPTER 2

90타를 깨기 위한 원포인트 레슨

90타, 보기 플레이 탈출을 위하여! 보기 플레이를 하는 아마추어 골퍼들은 대부분 좋든 싫든 자신만의 스윙을 가지고 있다. 이 단계는 항상 일관성 있는 스윙을 할 수 있도록 매일 꾸준한 연습이 필요할 때이다. 많은 양의 볼을 연습하기보다는 볼 하나를 치더라도 신중하게 연습해야 한다.

퍼팅에서는 일반적인 테크닉보다는 감각을 더 중요시한다. 임팩트 순간에 볼이 어떤 속도로 얼마나 먼 거리를 갈 것인가를 짐작할 수 있을 정도의 퍼팅 감각 즉 손의 감각을 익히는 것이 중요하다. 이런 감각은 선천적으로 타고 날 수도 있지만, 설령 그렇지 않다고 해도 오랜 훈련을 통해 익힐 수 있다.

사진과 같이 평평한 곳에 볼 10개를 일렬로 나열하고, 10미터 앞에 타깃을 만들어 놓고, 10개의 볼이 똑같이 타깃에 갈 수 있도록 연습한다. 이 연습이 어느 정도 익숙해지면 눈을 감고 볼의 스피드만을 생각하며 이전과 같은 방법으로 스트로크한다. 볼 10개가 거의 같은 선상에 놓일 때까지 반복하여 연습한다.

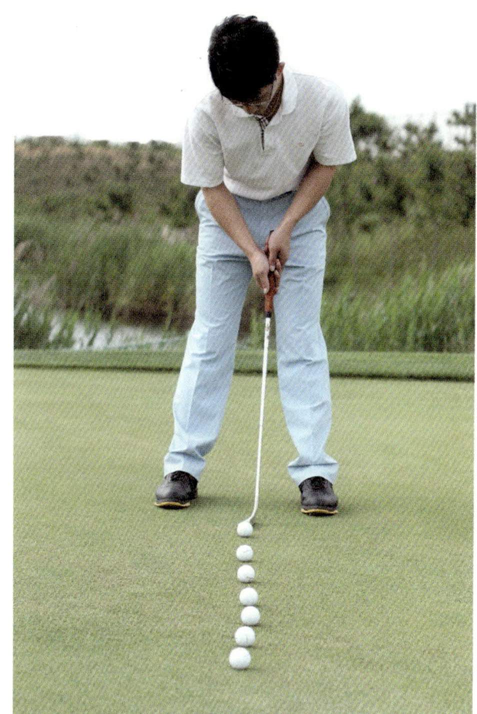

타깃을 10미터로만 국한해서는 안 된다. 10미터에서 거리를 1미터씩 좁혀가며 연습해보자. 이렇게 눈을 감고 하는 스트로크 연습은 불필요한 몸의 움직임을 감지할 수 있게 해준다. 또한 인내심과 최대한의 집중력을 요구하기 때문에 여러 방면으로 좋은 효과를 얻게 해줄 것이다.

임팩트 구간에서 가속하라

주말 골퍼들의 경우 웨지의 백스윙을 마치 드라이버 샷처럼 했다가 샷에서 힘을 빼기 위해 클럽이 임팩트 구간을 지날 때 속도를 줄이는 일이 종종 있는데, 이는 잘못된 스윙이다. 임팩트 구간에서는 가속해야 한다.

팔로스루의 길이는 백스윙과 같게 해야 한다. 대부분의 프로 골퍼들은 네 개의 웨지로 스윙의 크기를 풀스윙, 3/4스윙, 하프스윙, 이렇게 세 가지로 조정한다. 네 가지 클럽을 사용하여 세 가지 스윙의 크기로 거리를 조절하면 열두 가지의 각기 다른 거리를 조절할 수 있다. 즉 거의 모든 거리를 조절할 수 있다.

주말 골퍼들도 최소한 하프스윙과 풀스윙의 거리를 파악하면 지금보다는 훨씬 실력이 향상될 것이다.

잘못된 얼라인먼트로는 절대로 원하는 스윙을 할 수 없다

스윙 전 어드레스 시 몸을 타깃 방향으로 정렬하여 양쪽 어깨와 골반이 타깃 방향과 항상 평행을 이루게 해야 한다. 잘못된 얼라인먼트로 연습하면 잘못된 스윙을 하게 되므로 주의해야 한다.

몸이 올바르게 정렬되었는지는 다음과 같은 동작으로 점검할 수 있다. 이때 스탠스를 한 후 양쪽 다리 위에 클럽 샤프트를 놓아보면 몸이 어느 방향으로 향하는지 알 수 있다.

항상 일관성 있는 프리샷 루틴을 하라

임팩트까지 약 9초 이내의 빠른 시간 안에 개인적인 준비 자세로 긴장을 없애야
한다.

1 먼저 클럽 페이스가 표적을 향하게 하고, 오른발이 볼의 뒤쪽으로 향하도록 위
치를 정한다. 이러한 행동은 볼의 위치를 잡기 시작했다는 것을 스스로 인지하게 해
준다.

2 왼발은 클럽별 볼의 위치를 생각하며 놓는다(왼발의 어느 지점에 볼이 있는가를 체
크하면 된다). 왼발의 앞쪽은 살짝 오픈하여 자연스러운 피니시가 되도록 유도한다.

3 클럽에 맞는 스탠스의 넓이에 맞추기 위해 오른발을 바깥으로 좀 더 넓게 옮긴
다. 편안하고 안정적인 느낌이 들 때까지 스탠스를 벌린 후 그 상태를 유지한다.

이러한 동작은 필드에서뿐만 아니라 연습장에서도 항상 연습하도록 한다. 만약
연습장에서 위와 같은 방법으로 스윙을 백 번 연습한다면 스윙 전 준비 동작도 저절
로 백 번을 연습하게 되는 것이다.
필드에서의 모든 동작은 항상 반자동적으로 이루어져야 한다.

얇고 긴 디벗을 떠내라

프로 골퍼들의 아이언 샷에는 공통점이 있는데, 보통 얇고 긴 만 원권 지폐 같은 디벗을 만드는 것이다. 반면, 핸디캡이 높은 골퍼는 대체적으로 가파른 궤도로 스윙하여 임팩트 때 분화구를 만들거나 디벗 자국을 남기지 않는다.

프로 골퍼와 같은 디벗을 만들려면 백스윙의 경사를 완만하게 하고, 좀 더 넓게 스윙을 해야 한다. 사진과 같이 임팩트 때에 그립 뒤쪽 손의 주먹 관절을 땅 쪽으로 틀어주는 것도 도움이 된다.

야구 스윙처럼 스윙하라

　야구 선수들의 투구를 보면 엉덩이, 어깨, 그리고 팔의 순서로 가장 완벽한 몸의
움직임을 보이며 반응한다. 골프 스윙도 이와 같이 몸의 움직임이 있어야 한다.
　백스윙 때 몸을 꼬아주고 다운스윙 때 풀어주는 몸의 올바른 반응 순서를 익혀보
라. 야구 방망이를 수평으로 휘둘러 볼을 치는 방법이 도움이 된다. 이때 방망이를
휘두르는 동작에 신경을 쓰지 말고 몸의 회전 정도를 인지할 수 있도록 해야 한다.

일체화된 퍼팅 스트로크를 하라

퍼팅을 잘하는 프로 골퍼들은 퍼팅 방식이나 절차에 구애받지 않는 자신만의 스트로크 방법을 개발하여 성공하는 경우가 많다. 그러나 아마추어 골퍼들은 자신만의 스트로크 연습에 충분한 시간을 투자하지 않는 경우가 많다. 아마추어 골퍼들도 다음과 같은 방법으로 퍼팅 연습에 시간을 투자해 실력을 향상시켜 보자.

퍼팅에서 기본적인 바디 퍼팅 즉 몸이 일체화된 스트로크를 해보자.

팔 밑에 클럽 하나를 끼워 넣는다. 그리고 그립을 잡고 어드레스를 할 때 이 동작을 유지하도록 한다. 클럽을 떨어뜨리지 않고 볼을 홀컵에 넣으려면 어깨와 팔 그리고 퍼터가 한 몸처럼 움직여야 한다. 이것이 바로 가장 효과적인 스트로크 방법이다.

이처럼 각기 다른 부위를 하나의 동작으로 연결하는 방법은 그립을 부드럽게 해주어 손의 감각도 이전보다 예민하게 만들어주므로 퍼팅 감각을 향상시켜준다. 또한 팔 밑에 클럽을 끼워 넣고 연습을 하면 골퍼의 어깨가 제대로 위치하고 있는가를 점검할 수도 있다.

완벽한 꼬임을 연습하라

골프 스윙의 꼬임 동작은 가장 중요한 요소 중 하나이다. 그러므로 다음과 같은 방법으로 연습해보자.

드라이버를 이용하여 엉덩이와 발은 사진과 같이 오픈하고 어깨는 타깃과 직각이 되도록 셋업한다.

백스윙 때는 몸이 잘 꼬여 있는지를 느끼며 어깨를 가능한 한 처음 상태로 유지하면서 엉덩이를 약간 풀어주며 다운스윙을 시작한다. 클럽을 중간까지 내려오다 멈추는 연습을 하면 다운스윙 시에 회전되는 부분을 알 수 있다. 이 동작을 몇 번씩 반복한 뒤 스윙을 끝까지 이끌어 임팩트 이후 클럽을 풀어준다.

두 팔꿈치 간격을 유지하라

투어 프로 골퍼들은 백스윙의 3/4지점에서는 샤프트가 두 팔의 가운데를 가리키고, 두 팔꿈치의 간격 역시 스윙이 시작되던 시점과 같은 거리를 유지한다. 그러나 아마추어 골퍼들의 경우 샤프트의 방향이 한쪽으로 치우치거나 이 간격이 무너지면 임팩트 전 클럽의 스윙 궤도를 다시 만들어야 하기 때문에 파워를 잃게 된다.

볼을 목표 방향으로 올바르게 보내려면 정확히 조준하라

당연한 말이지만 볼을 원하는 방향으로 보내려면 그곳으로 겨냥하는 것이 중요하다. 전혀 다른 곳을 조준하고 좋은 샷을 기대하는 것은 무리가 있다. 먼저 목표물과 볼의 일직선상에 중간 목표물(디벗, 낙엽 등)을 정하고 그것을 기준으로 몸을 정확하게 정렬해야 한다.

1미터 퍼팅 실력을 향상시키라

퍼팅 연습을 할 때 볼을 홀컵에서 1미터 정도 떨어진 곳에 놓는다. 그리고 헤드커버를 볼에서 뒤쪽으로 15센티미터 정도 떨어진 곳에 둔다. 이 자세로 어드레스를 하여 헤드커버를 맞추지 말고 퍼팅해본다.

헤드커버를 뒤쪽에 놓으면 짧은 백스트로크를 하게 되므로 퍼터를 가속하면서 퍼팅할 수 있다. 일반적으로 아마추어 골퍼들은 볼이 홀컵을 지나가는 것을 두려워하므로 오히려 퍼터의 클럽 헤드 속도가 감소한다. 그렇게 되면 작은 경사에서도 볼이 힘이 없어 다른 쪽으로 흐르거나 짧아져서 홀인에 실패하게 될 것이다.

볼을 정확히 날아가게 하려면 신체를 올바르게 정렬하라

볼을 자신이 원하는 방향으로 날아가게 하기 위해서는 타깃을 겨냥하는 것이 중요하다. 전혀 다른 곳을 타깃으로 정하고 좋은 샷을 기대하는 것은 무리가 있다.

다음에 나오는 모습은 신체의 정렬 상태를 체크하는 좋은 방법이다. 먼저 〈사진 1〉과 같이 클럽을 내려놓고 셋업한다. 그 다음에는 머릿속으로 어깨와 지면이 수직이 되도록 선을 그어본다. 그러면 〈사진 2〉와 같이 사용하고 있는 클럽과 지면에 있는 클럽을 보며 신체 정렬을 체크할 수 있다.

흔히 목표 방향과 다른 방향으로 몸을 정렬하는 가장 큰 이유 중 하나는 볼이 골퍼가 서 있는 방향의 옆선으로 날아가기 때문이다. 이때 자신의 시선에 몸이 따라가는 것을 주의해야 한다.

왼발 밑의 페트병을 찌그러뜨리듯 다운스윙하라

다운스윙은 왼발 밑에 캔, 페트병과 같은 것을 놓고 밟아 찌그러뜨린다는 느낌으로 해야 한다. 백스윙 시 몸의 중심은 볼 쪽으로 다시 이동할 필요가 없도록 고정되어 있어야 한다. 왼발에 몰리는 힘은 임팩트가 일어나는 동안 몸이 세워지는 것을 막아준다.

퍼팅을 할 때는 기본으로 돌아가라

퍼팅 동작은 아주 단순하다. 간단한 동작으로 볼을 굴리는 것으로 생각되지만, 문제는 그것이 매우 어렵다는 것에 있다. 흔히 퍼팅은 '초보자들이 더 잘하는 경우가 있다.'는 말이 있다. 처음 배운 사람들이 좀 더 원칙에 충실하여 스트로크를 하기 때문이다.

퍼팅에서는 '기본으로 돌아가는 것'이 중요하다. 구력은 길지만 좀처럼 퍼팅이 향상되지 않는다면 퍼팅을 체크해보자. 그립부터 어드레스, 스트로크까지 꼼꼼히 체크해야만 퍼팅 타수가 줄어드는 것을 확인할 수 있다.

오른팔로만 스윙하라

클럽을 릴리스하게 하는 데는 오른손의 역할이 크게 작용한다. 다음과 같은 방법으로 연습해보자.

오른손으로는 웨지의 그립을 잡고, 왼손으로는 오른쪽 팔꿈치 안쪽을 잡고 힘이 들어가지 않는 하프스윙을 한다. 그러면 왼손을 그립에 대지 않았기 때문에 임팩트 구간에서 클럽이 자연스럽게 릴리스 된다. 이 동작과 실제 샷을 반복적으로 스윙하면서 릴리스에 대한 감각을 익히도록 한다.

등 근육과 양 어깨만으로 퍼팅 스트로크를 하라

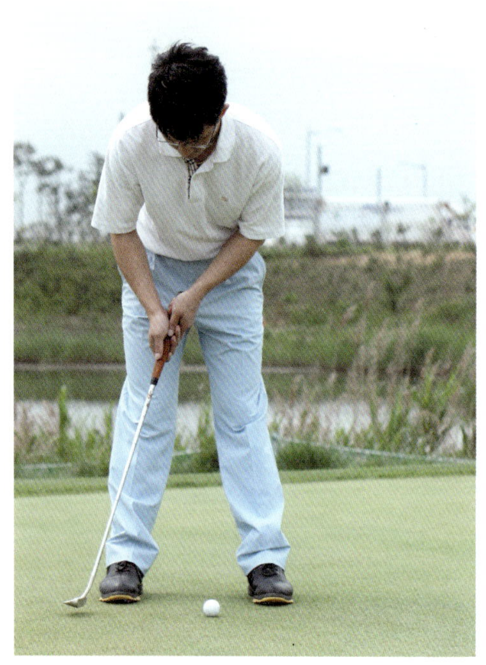

퍼팅 스트로크에서는 손이나 팔과 같은 작은 근육이 아닌 몸의 큰 근육을 사용해야 한다. 큰 근육이란 퍼팅에서는 등 근육과 양 어깨를 말한다. 손과 팔을 사용하면 리듬을 맞추기 힘들고 스퀘어 스트로크를 하기도 쉽지 않다. 그러나 등 근육과 양 어깨를 사용하면 백스윙이나 백스윙 톱에서 임팩트까지 가속하고 임팩트에서 팔로스루 또는 피니시까지는 감속이 되는 문제점을 해결할 수 있다.

스윙 시 파워를 내기 위해서는 고무 밴드를 당겼다가 놓는 느낌으로 하라

백스윙 때 하체에 더 많은 저항을 느낄수록 볼은 더 멀리 나간다. 고무 밴드를 당겼다가 놓을 때 당긴 길이가 길수록 더 많은 에너지가 발생하는 것처럼 말이다. 이러한 원리를 골프 스윙에 적용해보자. 엉덩이가 제 위치에 고정되어 있으면 스윙 시 어깨가 회전하면서 생기는 에너지가 쌓인다. 만일 백스윙 톱에서 온몸의 회전을 만들었다면 다운스윙에서 정확한 자세를 하기 위해 노력할 필요 없이 자연스럽게 스윙을 할 수 있다. 이런 스윙이 매우 자연스러워지면 스윙의 타이밍 또한 정확해진다.

백스윙 톱에서는 오른쪽 다리를 고정하라

스윙 경로를 조절하는 능력을 향상할 수 있는 몇 가지 방법 중 하나로 백스윙을 하는 동안 타깃 반대쪽 무릎을 고정시키는 것이 있다. 즉, 어드레스 때에는 무릎을 구부리고, 톱에서는 오른쪽 무릎을 일관성 있게 고정하여 아예 깁스를 한 것과 같은 느낌이 들도록 하는 것이다.

오른쪽 무릎을 곧게 펴거나 타깃에서 멀리 미끄러지게 하면 클럽이 경로 밖으로 나가게 되므로 클럽을 다시 볼 가까이 이동하기 위해서 몸을 감싸는 스윙을 하게 된다.

긴 벙커 샷은 긴 클럽을 사용하라

홀컵과의 거리가 먼 그린 사이드 벙커일 경우 거리가 어느 정도라면 스윙의 크기를 조절하여 해결할 수 있겠지만, 그 이상이라면 클럽을 좀 더 긴 것으로 잡아야 한다. 보통은 샌드 웨지에서 어프로치 웨지로 잡고, 더 길면 피칭 웨지나 그 이상을 잡아야 한다.

홀컵과의 거리가 멀다고 스윙을 무리하게 크게 하다가는 몸에 힘이 많이 들어가 토핑이 날 수 있다. 스윙은 너무 크지 않게 하되, 보통 벙커 샷을 구사할 때와 마찬가지로 페이스를 연 상태에서 부드럽게 한다. 이때 볼의 뒤쪽을 때린다.

오른손만으로 퍼팅을 연습해보라

　퍼팅 스트로크를 할 때 몸과 클럽이 하나가 되도록 왼손으로 오른쪽 팔꿈치를 잡고 오른손만으로 퍼터의 그립을 잡는다. 이 상태로 퍼팅을 구사하면 스트로크 과정에서 상체가 자연스럽게 백스윙과 팔로스루를 유도하는 기분을 느낄 수 있다. 한 손으로 연습하다가 양손으로 스트로크를 하면 좀 더 편안하고 안정된 퍼팅 스트로크를 할 수 있다.

파워를 위해 엉덩이를 적절히 틀어주라

파워풀한 샷을 하려면 상체를 볼의 뒤쪽으로 틀 때 하체에서 그에 대한 반발력을 만들어내도록 해야 한다. 아울러 백스윙 동작에서 적절하게 엉덩이를 회전하는 동시에 체중 이동이 이루어지도록 해야 한다. 또한 왼쪽 무릎을 볼의 뒤쪽으로 움직이거나 왼쪽 발의 안쪽을 안으로 감아주는 동작, 또는 왼쪽 발뒤꿈치를 들어주는 동작으로 엉덩이 회전 동작을 만들어야 한다.

정확한 중심 타격의 느낌을 파악하라

정확한 중심 타격의 느낌을 파악하기 위해서는 다음과 같은 방법으로 연습해 보자.

먼저 왼쪽 발뒤꿈치에 체중을 싣고 임팩트 자세를 한다. 그러면 왼쪽 다리는 똑바로 펴지고, 오른쪽 무릎은 표적을 향하여 안쪽으로 숙여진다. 엉덩이는 약 45도 가량 열어주고, 오른쪽 어깨는 왼쪽보다 살짝 낮게 한다. 머리는 볼의 바로 뒤쪽에 위치하게 하고, 그립은 클럽 헤드의 약간 앞에 놓이도록 하며, 왼쪽 손목은 평평한 상태로 유지한다. 이 방법은 정확한 중심 타격의 느낌을 파악하는 데 큰 도움이 된다.

경사면에서는 평평한 곳에서와 같은 자세를 하라

경사면에서 경기를 할 때는 평평한 지형에서와 똑같은 자세가 나오도록 해야 한다. 이를 위해 볼이 발보다 더 높은 위치에 놓였을 때는 몸을 좀 더 똑바로 세운다. 반대로, 볼이 발보다 낮게 위치할 때는 몸을 좀 더 숙인다. 두 경우 모두 스윙하는 내내 척추의 각도를 어드레스 때와 똑같이 유지해야 한다.

볼을 정확히 맞히라

볼의 바로 뒤쪽에 티펙을 하나 꽂고, 이 티펙을 건드리지 않으면서 아이언 샷을 연습해보자. 이때 주의해야 할 점은 스윙 시 꼭 디벗을 만들어야 한다는 것이다. 이 방법으로 연습하면 어드레스 때 양손을 볼의 약간 앞쪽으로 위치시킨 뒤 스윙을 시작하는 것이 좋다는 것을 알게 될 것이다.

임팩트 때도 이와 같이 샤프트가 '앞으로' 숙여져 있는 느낌이 들어야 한다. 이를 위해 볼을 위로 퍼 올리는 것이 아니라 잔디를 향하여 볼을 내리 찍는 듯한 느낌이 들도록 해야 한다.

양발을 모으고 스윙하여 균형 감각을 향상시키라

양발을 모으고 스윙을 연습하면 몸을 과도하게 사용할 수 없으므로 균형 감각을 크게 향상시킬 수 있다. 이것은 백스윙 때 클럽을 꺾었다가 임팩트 구간에서 풀고, 팔로스루 때 다시 꺾어주지 않을 수 없게 되는 원리를 이용한 것이다.

왼팔과 샤프트로 'L'자를 만들어 파워를 향상시키라

파워를 향상시키려면 왼팔과 클럽 샤프트가 'L'자를 이루도록 동작하여 엄청난 지렛대 효과를 이끌어내야 한다. 이는 파워 있는 샷을 하기 위한 열쇠이다. 단, L자 모양을 그대로 톱까지 가져가며, 임팩트 순간까지 이 지렛대 효과를 그대로 유지해야 한다. 왼팔과 샤프트에 의해 형성된 L자를 임팩트 순간 똑바로 펴주면 가장 이상적인 릴리스를 할 수 있다.

티의 높이로 볼의 탄도를 조절하라

볼을 조금 낮은 탄도로 보내려면 티의 높이를 조금 낮게 하는 것이 효과적이다.
볼은 대략 볼 한 개 정도 공간만큼 클럽 페이스 안쪽에 놓아야 치기가 수월하다.
의식적으로 슬라이스 구질을 만들 생각이 아니므로 볼 위치를 조정하면 보다 자연
스럽게 칠 수 있다.

지렛대 원리를 이용하여 힘을 만들라

드라이버를 가지고 하프스윙을 하되, 왼팔이 지면과 평행을 이룰 때 왼팔과 샤프트가 L자가 되도록 한다. 다운스윙 과정에서는 클럽을 빠르게 휘두르기 직전까지 최대한 오래 L자 모양이 유지되도록 한다. 임팩트 후에도 L자를 만든다. 이번에는 오른팔이 지면과 평행을 이룰 때 오른팔과 샤프트가 L자가 되도록 한다. 그러면 임팩트 때 최대 크기의 에너지(클럽 헤드의 속도)가 만들어지는 것은 물론 양쪽 팔뚝이 올바로 회전했다고 할 수 있다.

무릎의 반동을 이용하여 스윙하라

스윙을 하기 전에는 오른쪽 무릎이 앞
쪽에 오도록 해야 한다. 다시 말해, 타깃
을 향하여 클럽 헤드를 팔로스루 방향
으로 약간 밀었다가 그 반동으로 백스윙
을 시작해야 한다. 그러면 몸이 저절로
올바르게 움직여져서 어렵지 않게
신체 각 부분이 완벽한 스윙을 할
수 있는 위치에 오게 된다. 이것은
마치 스타트 신호를 기다리는 육상
선수가 엄청난 속도로 달려 나가기 위
해 출발선상에서 하는 셋업과 똑같
은 준비 자세이다.

러프에서는 벙커 샷을 하듯이 샷을 하라

사진과 같이 깊은 러프에서 볼이 발보다 위로 올라와 있는 경우 피치 샷보다는 벙커 샷에 가까운 샷을 해야 한다. 이때 명심해야 할 점은 세밀한 풀은 모래보다 저항력이 훨씬 크게 작용하므로 더 강하게 스윙을 해야 한다는 것이다. 벙커 샷을 하듯 클럽 페이스를 열고 원활한 컨트롤을 위해 약 2인치 정도 그립을 내려 잡고 마치 벙커 샷을 할 때처럼 볼 뒤쪽을 치자. 긴 풀의 저항력은 클럽 페이스를 닫히게 하는 경향이 있으므로 임팩트 시 클럽 페이스가 항상 열려 있어야 한다. 즉, 평소보다 클럽 페이스를 더 연 상태로 피니시해야 한다.

필드에 나가 실전 감각을 늘리라

뛰어난 실전 감각을 습득하려면 연습장에만 머무르면 안 되고 필드에서 경기를 많이 해보아야 한다. 스윙은 연습장에서도 할 수 있지만, 경기는 필드에서 익혀야 한다. 어떻게 해야 드라이버 샷을 페어웨이로 정확히 가져갈 수 있는지, 그린 주변에서 어떻게 해야 더 쉽게 홀 가까이 볼을 붙일 수 있는지 배울 수 있기 때문이다.

필드는 연습장과 달리 평평한 지형이 단 한 곳도 없다. 연습장에서는 기술적인 샷 위주로 반복 연습을 하고 필드에 나가서는 연습한 것을 실전에 적용해야 한다.

중압감이 느껴질수록 그립을 더욱 가볍게 잡으라

경기에 대한 압박감에 시달리거나 특히 그린 주변에서 긴장감이 느껴질 때 의도하는 것과 상관없이 어처구니 없는 실수를 저지르게 된다. 그 상황에서는 무의식적으로 그립을 꽉 쥐게 되는 경우가 많기 때문이다. 이 경우 칩 샷을 할 때 그립을 조금 느슨하게 잡으면 자연스런 릴리스는 물론 부드러운 스윙도 할 수 있다.

페어웨이 벙커에서는 발끝을 안쪽으로 향하게 서라

페어웨이 벙커를 흔히들 해저드라고 부르는 이유는 볼을 탈출시키기가 쉽지 않기 때문이다. 페어웨이 벙커에서는 스탠스를 제대로 하지 않으면 모래에 미끄러져 균형을 잃기 쉽다. 스윙 중 균형을 유지하기 위해서는 발을 모래 속에 묻고, 스탠스를 할 때 발끝이 안쪽으로 향하도록 안짱다리를 만들어주는 것이 좋다. 체중은 양발의 안쪽에 집중된 듯한 느낌이 들도록 해야 하며, 발 안쪽에 체중을 실은 상태에서 체중 이동을 조금만 하면서 스윙해야 한다. 그러면 보다 쉽게 볼이 페어웨이 벙커를 탈출할 수 있다.

볼을 떨어뜨리고 싶은 곳에 집중하라

수많은 골퍼들이 볼을 치는 것에만 집중하다 보니 팔을 제대로 펴지 못할 뿐 아니라 임팩트 때 몸이 제대로 돌아가지 않는 경우가 종종 있다. 만약 팔 자세가 무너지고 몸이 회전하지 않으면 스윙의 중심이 낮아져 결국에는 뒤땅을 치게 된다. 그러므로 팔이 펴져 있음을 느끼면서 샷을 하는 동안 몸을 회전시키고 머리를 돌려 볼을 떨어뜨리고 싶은 곳을 바라보아야 한다. 그러면 스윙 궤도의 가장 낮은 부분이 앞쪽으로 움직여져 원하는 샷이 만들어질 것이다.

Golf declaration

게임 중 위기 상황에서 긴장을 풀 수 있는 힘은 자신감이다.   - 잭 니클라우스

어리석은 골퍼는 자주 퍼터를 바꾼다. 하지만 들어가지 않는 퍼터를 오랫동안 가지고 있는 것도 좋지 않다.
                                                                         - 찰스 베일리(미국. 프로 골퍼)

홀컵은 항상 생각하는 것보다 멀다. 퍼트에서 1피트만큼 멀리 있다는 것을 잊지 말라.
                                                                         - 찰스 베일리(미국. 프로 골퍼)

ONE POINT LESSON

CHAPTER 3
80타를 깨기 위한
원포인트 레슨

80타, 싱글 플레이를 위하여! 골프 스윙도 중요하지만, 완벽한 코스 공략과 마인드 컨트롤이 매우 중요하다. 골프는 흔히들 자신과의 싸움이라고 한다. 싱글로 가기 원한다면 미스 샷이 나더라도 마음을 진정시키는 자신만의 방법을 하나쯤은 만들어두는 것이 좋다.그리고 연습장에서는 항상 목적을 가지고 연습해야 한다. 무조건 스트레이트 볼만을 고수하지 말고 페이드와 드로우 샷도 해보아야 하고, 자신 있는 클럽만 연습하기보다는 평소 자신에게 잘 안 맞는 클럽으로 충분히 연습하여 필드에서 보다 안정적인 샷을 할 수 있도록 해야 한다.

한 클럽 길게 잡으라

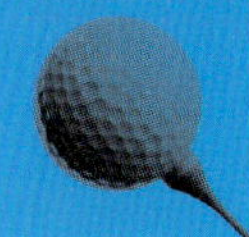

페어웨이 벙커에서는 거리에서 약 10퍼센트 정도 실수할 가능성이 있다는 것을 염두에 두고 샷을 해보자. 150야드 샷을 날려야 한다면 160야드라고 생각하고 그에 맞는 클럽을 선택하자. 한 클럽 길게 잡는 연습은 긴장감을 풀어주어 그린에 볼이 안착할 가능성을 높여준다. 스트로크를 잘못해 볼을 약간 멀리 보낸다 하더라도 볼을 짧게 보낸 상황에 비하여 더 쉽게 문제를 해결할 수 있을 것이다. 대부분 사람들이 가지는 홀컵에 볼을 붙일 수 있다는 욕심을 버리면 훨씬 더 좋은 결과를 가져올 것이다.

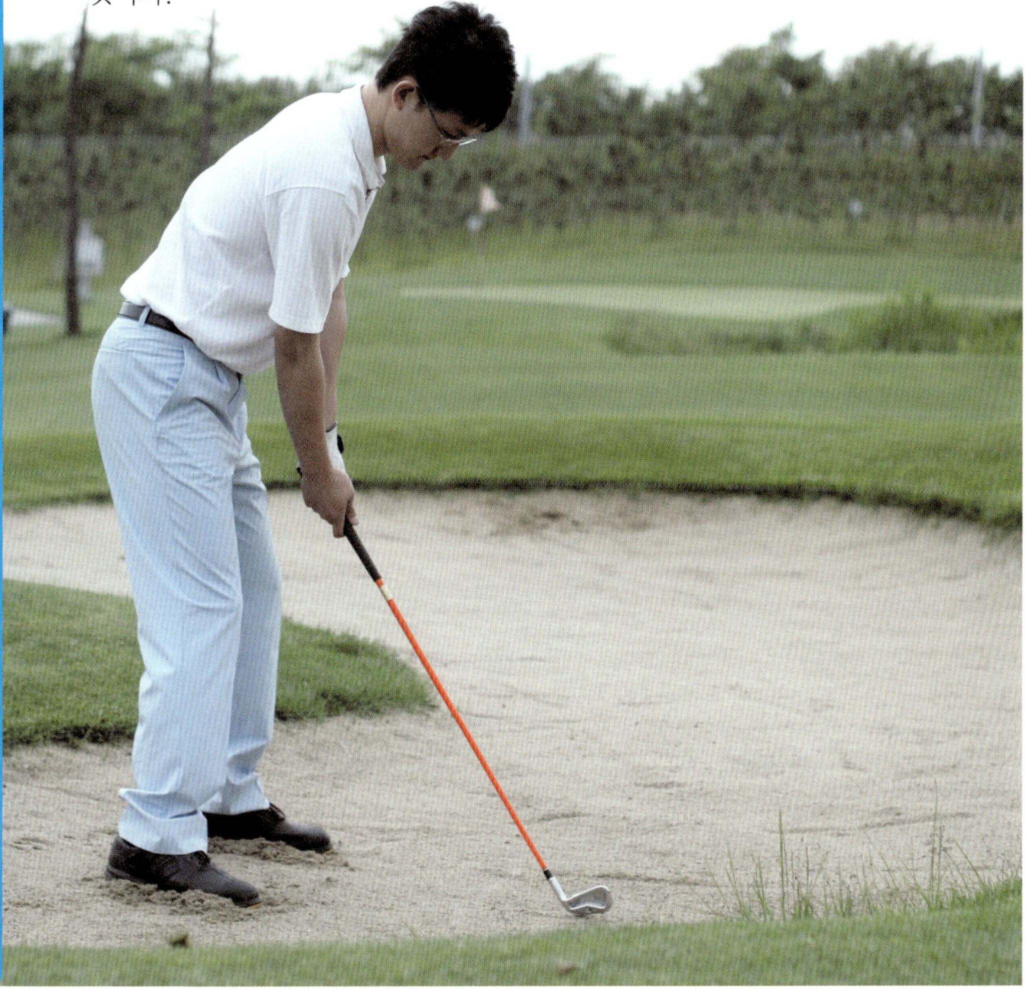

홀컵 주변에서의 브레이크를 주의하라

중간 정도 거리 이상의 퍼팅을 할 때 홀컵 주변을 자세히 살펴봄으로써 볼이 홀컵 주변에서 어떻게 움직일지에 대한 감을 보다 정확히 할 수 있다.

중간 정도 거리 이상의 퍼팅을 할 때 볼을 가깝게 붙이는 것이 힘드는 경우는 홀컵 주변의 경사를 관찰하지 못해서이다.

홀컵 주변에 가서 볼이 흘러내리는 것을 상상하면서 스트로크를 느끼도록 하라. 그러면 3퍼트가 줄어들 것이고 롱 퍼트의 성공률도 아주 높아질 것이다.

파5 홀 공략은 그린에서부터 계획하라

　프로 골퍼들은 파5 홀에서는 그린까지 홀의 전체적인 계획을 세운다. 만약 두 번째 샷이 그린에 도달할 수 있다면 티잉 그라운드에서부터 공격적으로 나가야 한다.

　그러나 세 번의 샷으로 그린을 공략하려면 가장 자신 있는 거리에서 가장 자신 있는 클럽으로 세 번째 샷을 할 수 있도록 그린을 공략해야 한다.

　홀의 길이가 500야드이고, 100야드 샷을 좋아한다면 3번 우드로 220야드를 보내고, 7번 우드로 180야드를 날리는 것이 최선의 방법이다.

로브 샷을
자신 있게 하라

로브 샷은 재미있으면서도 어려운 샷 중에 하나이다.

로브 샷의 자세, 스윙 방법 등을 전반적으로 배워보도록 하자.

그립

로브 샷을 하기 위해서는 클럽 페이스를 오픈시켜 그립을 잡는다. 이를 위해서는 약한 그립이 좀 더 효과적이다.

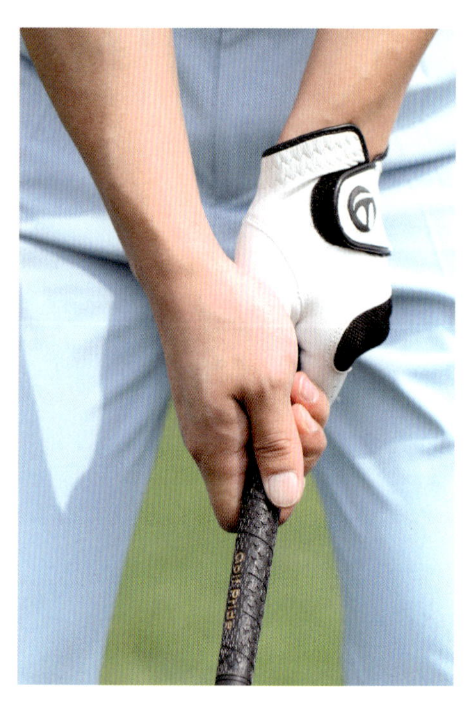

볼의 위치

페어웨이 우드나 롱 아이언을 사용할 때와 마찬가지로 볼을 왼발 뒤꿈치 앞쪽에 위치시킨다. 이때 체중은 발의 중간이나 오른쪽에 두고, 절대로 왼쪽에 두는 일이 없도록 해야 한다.

코킹

손목은 일찍 꺾어준다. 양손이 백스윙의 중간 지점에 도달했을 때 클럽 샤프트가 수직으로 세워질 정도로 손목 코킹을 일찍 한다.

자신감

헤드업을 하지 말자. 스윙은 크고 자신 있게 하고, 볼을 치고 나서는 볼을 친 자리를 그대로 보고 있어야 한다.

보통 로브 샷의 실수는 불안함과 자신 없는 샷에서 나온다. 자신감 부족으로 헤드업을 빨리하게 되는데, 헤드업을 빨리하면 볼이 클럽 헤드의 리딩 에지에 맞아 로브 샷이 아닌 정반대의 결과가 나올 것이다.

한 번에 쉽게 되는 일은 없다. 평소 자주 연습해서 자신감을 기르자.

자신에게 맞는 스탠스를 하라

몸의 회전력이 좋은 사람일수록 스탠스 시 오른발을 표적선에 직각으로 해야 한다. 양발의 위치가 중요한 이유는 몸통의 회전 동작을 지지할 수 있도록 해야 하기 때문이다.

유연성이 좋은 사람일수록 백스윙 시 엉덩이의 회전 동작이 무리하게 커지므로 그것을 잡기 위하여 오른발을 직각으로 하여 회전력을 조금 감소시킬 필요가 있다. 위와 같은 자세를 하면 안정된 회전을 할 수 있다.

몸의 유연성이 작아서 회전 동작을 크게 하려면 오른발을 비스듬히 틀어 준다.

사진과 같이 표적선에 오른발을 직각으로 하여 백스윙에 제약을 줬다면 사진과 같이 오른발의 앞부분을 약 15도 정도 오픈시킨다. 이러한 스탠스는 나이가 많은 골퍼나 유연성이 떨어지는 골퍼들에게 적합하며, 백스윙 시 회전 동작을 조금 더 크게 만들어준다.

롱 퍼팅 라이는 3등분하여 읽으라

보통 10미터가 넘는 롱 퍼팅을 할 때 퍼팅할 총 길이를 3등분한다. 첫 번째 부분은 스타트 라인으로 볼이 거의 직선으로 구르는 구간이고, 두 번째는 볼이 곡선의 정점에 이르는 부분이고, 세 번째는 볼이 가장 천천히 굴러서 제일 많이 휘어지는 부분이다.

이처럼 라이는 첫 번째보다는 두 번째, 두 번째보다는 세 번째 부분이 그린의 경사에 영향을 많이 받게 된다.

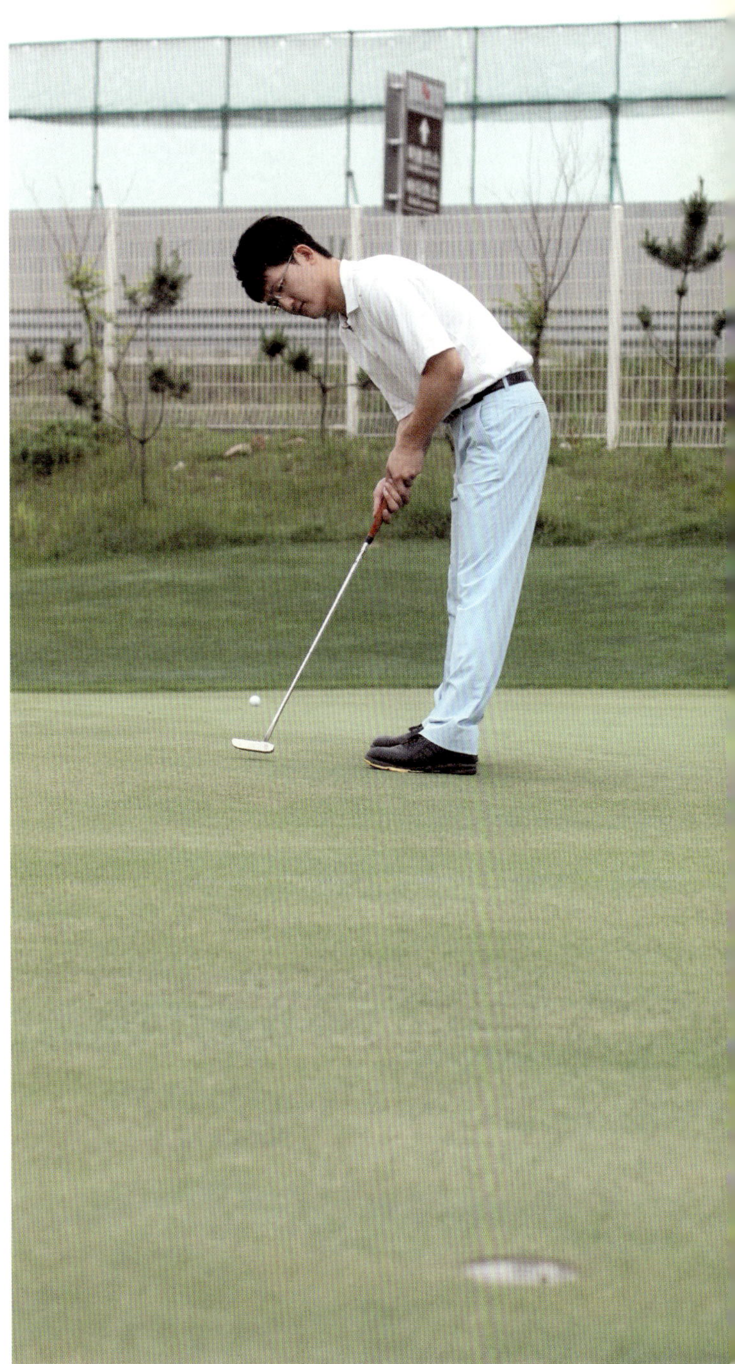

벨리 퍼터의 장점

일반 퍼터로 타깃과 클럽 페이스가 계속 직각 상태를 유지하게 하려면 페이스를 조정해야 한다. 그러나 벨리 퍼터는 추가적인 힘을 가하지 않고도 자연스럽게 릴리스 되기 때문에 정확한 스트로크가 이루어진다.

퍼팅의 성공은 마음에 달렸다

퍼팅을 성공하려면 머리를 고정하거나 스트로크를 가속화하는 것과 같은 기술이 매우 중요하다. 하지만 가장 중요한 것은 퍼팅을 성공시킬 수 있다는 믿음이다. 실패하지 않을까 걱정하거나, 자신이 상상하는 퍼팅 선으로 볼을 보내거나 자신의 퍼팅 리듬을 유지할 수 있다는 확신이 없으면 퍼팅이 잘 될 리 없다.

셋업 시 잘못된 손의 위치는 곧바로 미스 샷으로 이어진다

〈사진 1〉은 양손이 볼보다 뒤쪽에 위치한 자세로, 아이언 샷을 할 경우 아주 치명적인 실수를 할 수 있다. 대다수의 아마추어 골퍼에게서 나타나는 자세로 일관성 없는 미스 샷이 나올 확률이 가장 높다(모든 구질의 잘못된 샷이 나올 확률이 가장 높다).

〈사진 2〉는 대체적으로 안정된 자세이다. 어느 정도 구력과 실력을 가진 골퍼들이 가장 많이 하는 자세이다.

이러한 자세의 샷은 클럽 헤드가 표적선의 안쪽으로 올 수 있어서 볼이 약간 휘어질 수 있고, 처음부터 클럽 헤드를 눌러줌으로써 각각의 클럽 각도보다 낮은 각도로 임팩트 될 수 있어 실제로 비거리가 늘어난 것처럼 느껴질 것이다. 예를 들어, 7번 아이언으로 칠 때 실제 각도는 6번 아이언 각도이므로 거리는 7번 아이언과 6번 아이언 중간쯤으로 볼이 날아갈 확률이 높다.

　〈사진 3〉은 가장 이상적인 자세이다. 클럽의 특성을 그대로 받아들여 자세를 잡는 것이 가장 중요하다. 클럽 헤드를 잡고 헤드의 솔 부분을 지면에 모두 닿게 놓아보면 그립을 잡는 부분이 약간 앞쪽에 위치하게 될 것이다. 이때의 클럽 모양 그대로 잡는 것이 가장 이상적이다.

　클럽의 특성에 따라 다 다르므로 클럽을 하나하나 나열하면서 설명하기보다는 그 자체의 특성을 먼저 파악하는 것이 중요하다. 미리 그립을 잡고 자세를 취하기보다는 자세를 취하고 그립을 잡는 것을 권장한다.

3

셋업 시 체중 배분으로 원하는 샷을 하려면 스퀘어로 서는 것이 중요하다

흔히들 셋업 시 체중을 발뒤꿈치나 혹은 앞쪽에 두는 경향이 있는데, 이는 잘못된 자세이다. 가장 이상적인 자세는 몸의 앞도 뒤도 아닌 중간에 체중을 두는 것인데, 이 자세를 하면 안정적으로 원하는 스윙을 할 수 있다.

사진과 같이 체중을 발가락에 지나치게 많이 두면 균형이 깨진다. 사진처럼 어깨에서부터 수직으로 선을 그었다고 생각해 보면 손, 무릎과 발보다 모두 앞쪽으로 클럽이 떨어지는 것을 볼 수 있는데, 이는 체중이 너무 앞쪽으로 실렸기 때문이다. 만약 누가 등 뒤에서 밀었을 때 앞쪽으로 쓰러진다면 체중이 무리하게 앞쪽에 실렸다고 말할 수 있다.

가장 이상적으로 체중이 배분되면 클럽을 내려볼 때 손, 무릎과 발보다 안쪽으로 클럽이 내려온다. 다시 말해, 발의 앞쪽이나 뒤쪽이 아닌 그 중간 즉 발등에 체중이 배분되는 것이 중요하다.

훌륭한 스윙을 하기 위해서는 몸의 회전을 이해해야 한다

골프 클럽을 이용하면 스윙 시 필요한 몸의 회전을 연습하는 데 효과적이다.

먼저 평소처럼 어드레스를 한다. 그 다음에는 머리 뒤로 클럽의 끝을 잡고 등을 가로질러 샤프트를 놓는다.

샤프트가 볼을 가리킬 수 있게 어깨를 약 90도 정도 회전시킨다. 여기서 중요한 것은 어깨를 회전하는 동안 척추 각도가 변하지 않아야 하고, 회전량을 늘리기 위해 오른쪽 다리를 구부려서는 안 된다는 것이다. 하체는 최대한 고정한 상태에서 어깨 위주로 회전하여 꼬임을 증대시켜야 한다.

마지막으로 팔로스루 동작을 한다. 이 동작은 백스윙 동작의 꼬임을 같은 방식으로 하되, 반대 방향으로 회전하는 것인데, 중요한 것은 회전 시 오른쪽 어깨가 왼쪽보다 조금 낮아야 한다는 점이다. 그래야 어드레스 시 척추 각도가 그대로 유지될 수 있다.

반드시 피니시 동작까지 해야 하며, 몇 초 동안 이 자세를 유지하여 편안하고 안정된 피니시가 이루어지도록 해야 한다.

디벗 자국은 항상 볼보다 앞쪽에 나타나야 한다

정확한 임팩트가 되지 않을 때는 다음과 같은 방법을 사용하는 것이 효과적이다. 먼저 2개의 클럽을 20센티미터 간격으로 일직선상에 놓는다. 6번 아이언을 사용해서 클럽 사이에 놓인 볼을 정확히 친다. 만일 임팩트 때에 힘과 어깨의 중심이 볼 앞에 놓였다면 디벗 자국은 샤프트의 앞쪽(타깃 방향)으로 날 것이다. 만약 샤프트 뒤쪽을 쳐서 그곳에 디벗 자국이 났다면 스윙 중심이 볼 뒤편에 머물렀음을 뜻한다.

스윙 시 몸의 중심은 머리가 아닌 척추가 되게 하라

대부분 골퍼들은 스윙 시 중심이 머리가 된다고 잘못 알고 있다. 그러나 골프 스윙은 전 동작에서 척추가 중심이 되어야 한다.

예를 들면, 오른쪽 사진과 같이 백스윙을 할 때 머리가 진행 방향과 동일하게 조금 움직이는 이유는 척추가 중심이기 때문이다. 즉 중심을 잡기 위해서 머리가 조금씩 움직이는 것이다.

머리가 움직이면 안 된다는 선입견은 골프 실력을 향상하는 데 방해 요인이 될 수도 있다. 사진과 같은 동작이 되었을 때를 체크해보면 역피벗이 되었는지도 알 수 있다.

클럽의 균형을 느끼려면 클럽 헤드 쪽으로 잡고 스윙하라

클럽의 균형을 느끼려면 클럽 헤드 쪽을 잡고 허리 높이에서 야구를 할 때처럼 스윙을 몇 번 해보자. 그러면 허리를 굽히지 않기 때문에 더 자연스러운 동작이 나올 것이다.

그 다음에는 체중이 뒤와 앞으로 옮겨가는 것을 느끼며, 백스윙과 팔로스루를 하면서 그립이 '휙' 하는 소리가 나도록 클럽을 휘두른다. 손과 팔의 릴리스 시점을 조정하면 '휙' 소리가 나는 지점을 변경할 수 있다.

숨어있는 파워를 증대시키는 방법

숨겨진 파워를 끌어내기 위해서는 다운스윙 때 오른쪽 다리의 이동을 유연하게 해야 한다. 그러기 위해서는 어드레스 때부터 오른쪽 무릎을 살짝 굽혀야 하며, 다운스윙 때에는 조금 더 구부려야 한다. 그리고 클럽이 임팩트 지점에 가까워지는 동안 무릎이 볼 앞에서 타깃 라인을 가리키고 있도록 해야 한다.

어드레스와 다운스윙 때 오른쪽 무릎을 구부리는 것에 신경을 집중하라. 이런 노력은 정확한 자세를 유지하는 데 도움을 주고, 체중이 이동하는 것도 알게 해준다.

끈과 테이프를 이용한 퍼팅 연습 방법

퍼팅 스트로크는 일반적으로 시계추 자세가 이상적이다. 이미 앞에서도 여러 번 나온 이야기인 만큼 중요한 내용이기도 하다. 그러므로 시계추 자세를 유지하려면 많은 연습과 테스트가 필요하다.

앞에서는 연습 방법만 제시하였지만, 여기에서는 테스트 겸 연습 방법을 소개하기로 한다.

첫 번째는 〈사진 1〉과 같이 끈으로 연습하는 방법이다. 끈을 목에 건 후 그립과 함께 잡고 스트로크한다. 이때 끈의 어느 한 쪽이 느슨해지거나 당겨져서는 안 된다. 처음에는 이 방법이 쉽지 않지만 꾸준히 연습하면 금방 좋아질 것이다.

두 번째는 〈사진 2〉와 같이 테이프를 이용하는 방법이다. 이 방법은 혼자서는 연습할 수 없는 단점이 있다. 그러나 첫 번째 방법보다 더 확실한 결과를 얻을 수 있으므로, 도와줄 누군가가 있다면 이 방법으로 연습하기를 권한다.

어드레스를 한 다음 양쪽 어깨 끝에서 손등까지 최대한 팽팽하게 테이프를 붙인 후 퍼팅한다. 퍼팅 결과 테이프가 울거나 떨어지면 시계추 스트로크가 잘 안 되었다는 뜻이다.

손목이나 팔이 아닌 어깨나 등 근육을 이용하여 스트로크를 하여 테이프가 그대로 있도록 연습하자. 그러면 퍼팅이 날로 발전할 것이다.

클럽 헤드의 스피드를 가속하라

그립을 너무 강하게 잡으면 팔과
어깨의 모든 근육이 긴장하게 된
다. 긴장으로 단단해진 근육은 긴
장되지 않은 유연한 근육에 비해
느리게 움직인다. 적극적으로 홀
을 공략할 수 있을 것 같아도 근육
이 긴장하고 있으면 그것은 단지
기분일 뿐 결과는 상당히 실망스
럽기 마련이다.

그러므로 어드레스를 할 때 의
식적으로 그립을 가볍게 잡고, 팔
근육을 부드러운 상태로 유지하
며, 백스윙을 짧게 가져가야 한
다. 약 80퍼센트의 힘으로 휘두른
다는 느낌이 들 때 티 샷이 멀리
날아간다.

다시 말해, 클럽 헤드의 스피드
를 높이려 하지 말고 부드럽게 스
윙한다고 생각하면 예상 외로 헤
드의 스피드가 증가되어 비거리가
향상된다.

긴장을 풀라

경기를 하는 동안 특히 티 샷을 하기 좋은 홀이 하나쯤은 있을 것이다. 뒷바람이 부는 홀이나 페어웨이가 넓어서 OB의 위험이 없는 홀 등 티 샷을 하기 좋은 곳의 티 박스에 올라 그림 같은 샷을 날리는 생각만 해도 기분이 좋아질 것이다. 그러나 티 샷에서 지나치게 흥분해서는 절대 안 된다. 왜냐하면 손과 팔에 필요 이상으로 힘이 들어가 스윙을 망쳐버리는 수가 있기 때문이다.

에그 프라이에서는 가파르게 스윙하라

벙커란 곳은 초보자는 물론 프로 골퍼들에게도 어려운 지점이다. 더욱이 공이 모래에 파묻혀 있다면 가장 해결하기 힘든 상황이 될 것이다. 이런 상황에서 볼이 벙커를 탈출할 수 있는 가장 큰 열쇠는 스윙 궤도를 가파르게 하는 것이다. 즉 백스윙 시 손목을 일찍 꺾어줌(얼리 코킹)으로써 다운스윙 시 클럽이 가파르게 내려오도록 하는 것이다. 이때 클럽 페이스를 열린 상태로 유지하면서 볼 바로 뒤쪽을 때리도록 한다.

피치 샷에서는 특히 정확한 임팩트를 만들라

피치 샷은 다른 샷보다 좀 더 정확한 임팩트가 이루어져야 한다. 물론 다른 샷도 정확한 임팩트를 해야 하지만, 피치 샷은 다른 아이언 샷에서 실수한 것을 커버해주는 샷이기 때문이다.

왼발로 서서 웨지를 들고 피치 샷을 해보자. 볼을 왼발의 맞은편에 놓고, 몸을 약간 왼쪽으로 기울여 몸의 중심이 왼쪽 다리로 오게 한다. 타격 거리는 속도가 아니라 스윙의 크기로 조정하도록 한다. 이 동작은 손목 동작 없이 스윙을 하며, 정확한 피치 샷을 할 수 있게 해준다.

볼의 위치와 피니시 동작으로 탄도를 조절하라

　탄도, 즉 샷의 높이를 바꾸는 일은 그렇게 힘들지 않다. 볼의 위치와 피니시 동작으로 가능하다. 낮은 130야드의 샷을 하고 싶을 때는 볼의 위치를 오른발 쪽에 두고 피니시를 아주 낮게 마무리한다. 이 동작은 클럽의 실질적인 로프트를 낮추어 탄도가 낮은 샷을 만들어준다. 샷의 탄도를 높이고 싶다면 볼을 약간 왼쪽으로 이동시키고 피니시를 좀 더 높게 하면 된다.

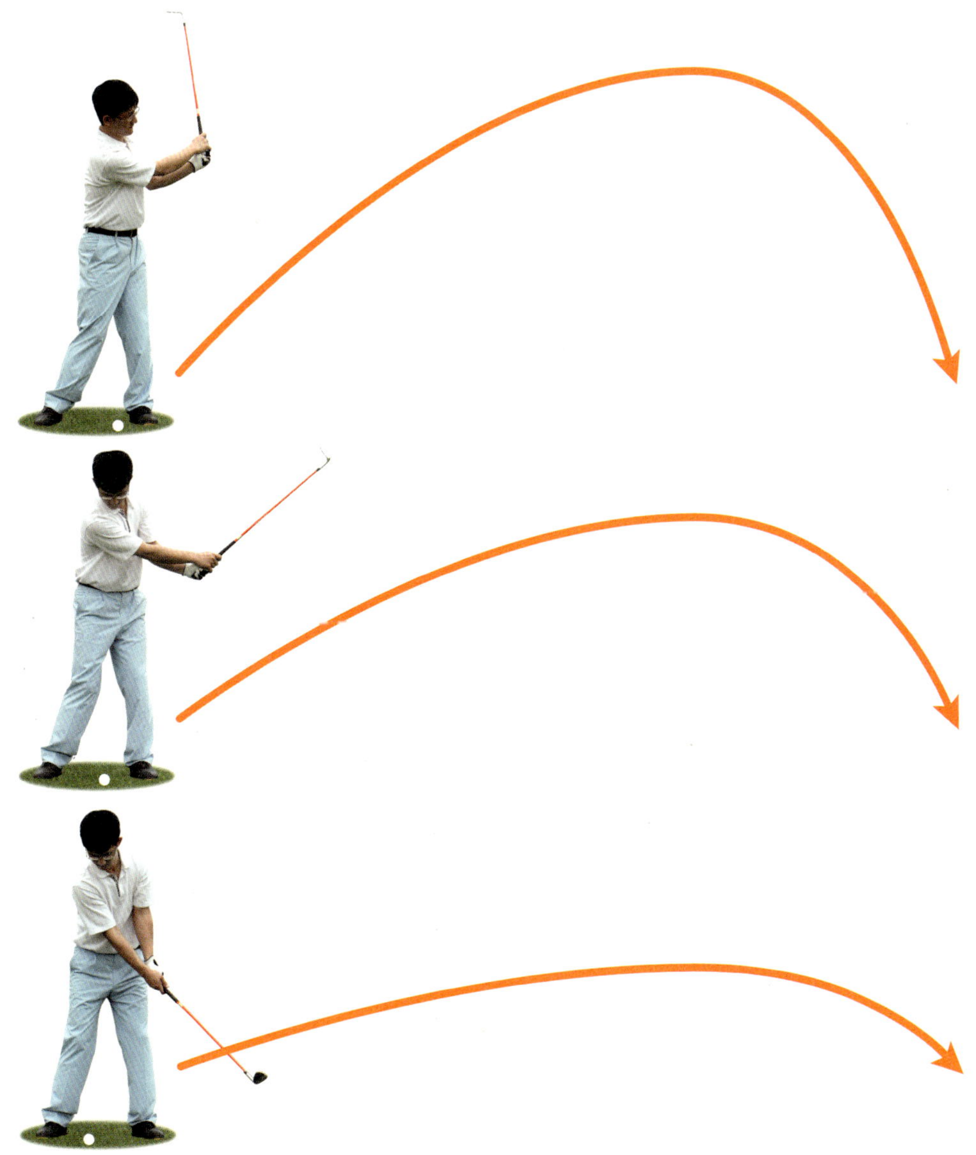

그린 라이를 파악하고 어프로치하라

프로 골퍼들은 칩 샷과 피치 샷을 할 때 그린에서 볼을 착륙시킬 지점을 구체적으로 선정한다. 그리고 그린 위로 올라가서 퍼팅을 할 때처럼 그린을 읽어낸다. 결과를 충분히 예측할 수 있는 샷을 할 때는 아마추어 골퍼들도 자신의 칩 샷과 피치 샷에 대해 보다 구체적으로 계획을 세울 필요가 있다.

오른손으로 거리에 대한 제어력을 향상시키라

오른손잡이 골퍼들이라면 대부분 오른손으로 거리를 감지한다. 따라서 오른손 연습법은 오른손잡이 골퍼로 하여금 퍼터 헤드에 대한 감각을 더욱 분명하게 느끼도록 해준다. 아울러 오른손 하나만을 이용한 퍼트와 정상적인 두 손 퍼팅을 함께 연습하면 거리에 대한 제어력이 발달할 것이다.

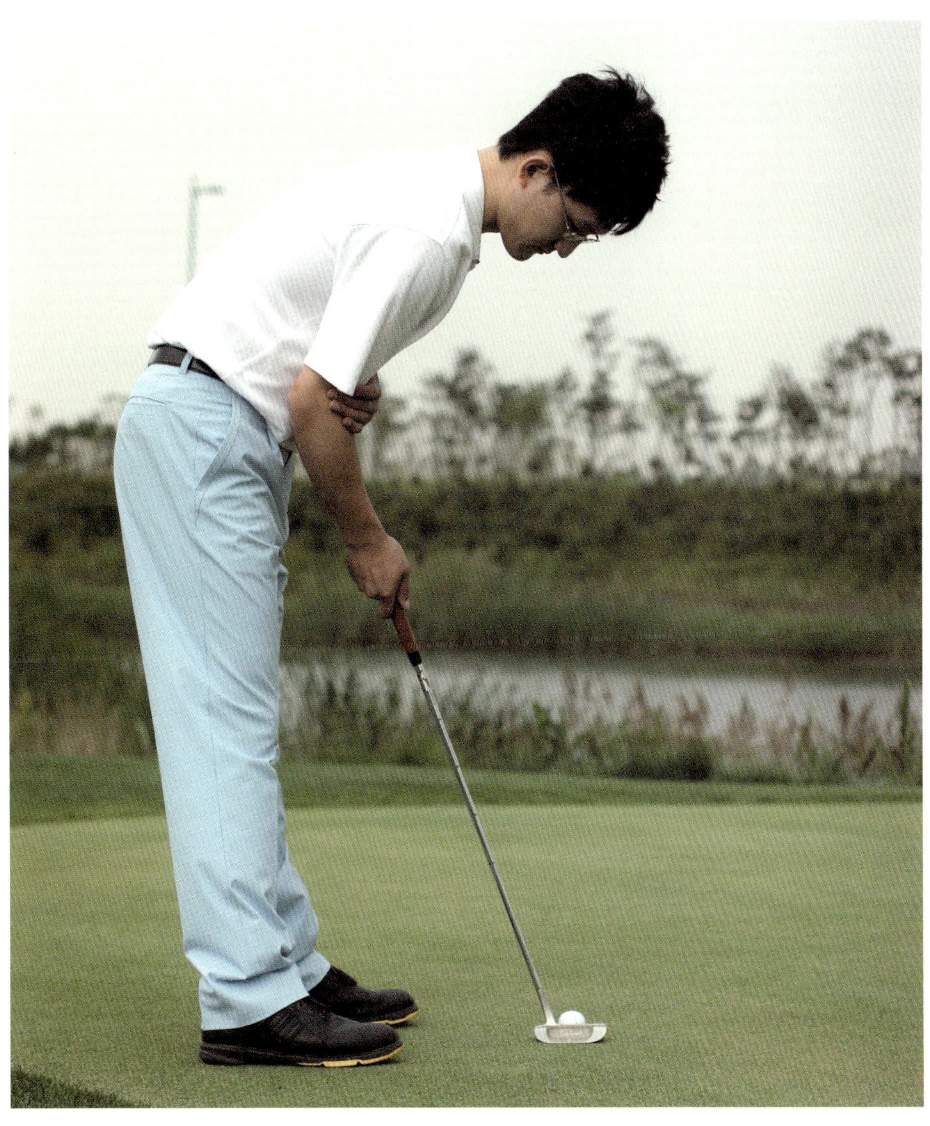

무릎을 꿇고 연습해보라

　무릎을 꿇고 연습하는 것은 백스윙과 팔로스루 단계에서 양팔로 클럽을 휘두를 수 있게 해주며, 올바른 스윙아크를 유지하는 데 도움을 준다. 무릎을 꿇고 있으면 지나친 동작을 제한해주며, 클럽 헤드의 릴리스를 자유롭게 하여 임팩트 때 클럽 페이스를 직각으로 만들어준다. 약 80퍼센트 정도의 스윙 스피드로 연습해보자.

디벗 자국에서 탈출하라

　볼이 디벗에 빠져있을 때 성공적으로 이를 처리하는 방법은 목표에 따라 다음의 두 가지로 나눠진다.

　첫째, 볼을 길게 굴리고 싶을 때는 볼의 위치를 스탠스 뒤쪽으로 잡고 좀 더 긴 클럽을 사용한다. 그러면 볼이 낮은 탄도로 디벗 자국을 빠져나와 런이 생긴다.

　둘째, 그린을 곧장 공략하려 할 때는 볼을 좀 더 앞으로 위치시킨다. 좀 짧은 클럽을 골라잡고 어드레스 때 페이스를 열어준 후 표적선 바깥에서 안쪽으로 비스듬하게 볼을 잘라 친다.

휘어지는 퍼팅 라이를 읽으라

대부분의 아마추어 골퍼들은 휘어지는 퍼트에서 휘어지는 정도를 실제보다 작게 본다. 특히 홀 가까운 곳에서 속도가 떨어지는 퍼트의 경우 더더욱 그렇다. 퍼트가 홀의 아래쪽으로 빗나가는 실수를 피하려면 먼저 볼이 홀컵으로 휘어지게 할 지점을 결정한 뒤, 그 진입 지점으로부터 거꾸로 휘어지는 퍼트의 이동 경로를 살펴보는 것이 효과적이다.

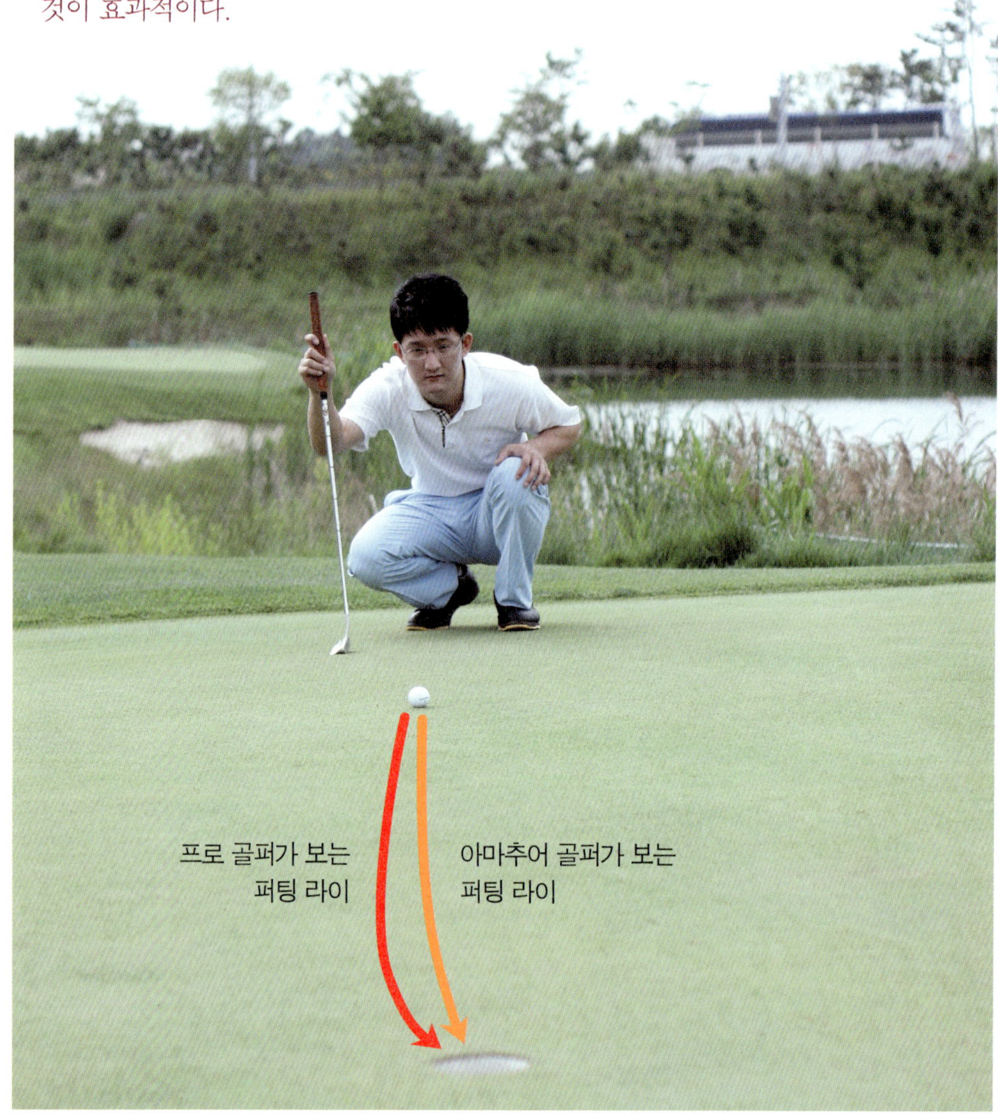

평소보다 더 긴장될 때에는 몸을 충분히 움직이라

몸을 계속 움직이면 근육이 경직되는 것을 막을 수 있으므로 어드레스를 할 때 계속해서 몸을 움직이는 것이 좋다. 클럽을 가볍게 움직이는 웨글을 하거나 발로 가볍게 땅을 차면 긴장감을 푸는 데 효과적이다.

단, 평소와 많이 다르게 웨글 하는 시간이 길어지는 것 또한 또 다른 긴장감을 만들 수 있으므로 항상 평소 하던 정도에서 크게 벗어나서는 안 된다.

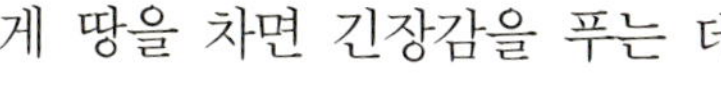

깊고 푹신한 벙커에서는 타깃의 왼쪽으로 어깨를 정렬시키라

모래가 깊고 푹신한 벙커 샷에서는 타깃의 왼쪽으로 어깨를 정렬시켜야 한다. 클럽 페이스와 스탠스를 약간 열어주고, 모래를 얇게 떠내도록 스윙한다. 클럽을 볼 밑으로 미끄러지듯이 통과시킬 때 볼이 앞으로 나아가는 추진력이 생긴다. 피니시를 끝까지 가져가도록 한다.

단단하게 굳은 벙커에서는 타깃을 향해 스탠스를 직선으로 정렬하라

모래가 단단히 굳어 있거나 젖어 있다면 타깃을 향해 스탠스를 직선으로 정렬해 준다. 이때 볼을 중심보다 약간 뒤쪽에 위치시키고, 클럽 페이스를 직각으로 만들어준다.

백스윙을 약간 가파르게 하며, 임팩트 때 클럽이 볼의 바로 뒤쪽 모래를 직각으로 파고들도록 한다. 팔로스루는 짧게 가져가도 된다.

로브 샷에서 그립은 가볍게 잡으라

로브 샷은 클럽 헤드의 스피드에 의해 자연스럽게 볼의 아래쪽으로 미끄러져 나가야 한다. 이때 그립에 압력을 가볍게 주어 헤드 무게를 충분히 느껴야 하고, 헤드 무게로만 임팩트와 팔로스루가 이루어져야 한다.

골프는 리듬의 게임임을 명심하라

　연습장에서는 기술적인 문제를 해결하는 데 많은 시간을 배분하더라도 일단 필드에 나가면 가장 중요하게 생각해야 할 것이 바로 리듬이다. 모든 사람은 각자 자신만의 자연스러운 리듬을 가지고 있다. 그러나 그 리듬이 일관되지 않고 가끔 상실되기도 한다. 많은 골퍼들이 보통 백스윙 톱에서 다운스윙으로 전환하는 과정에서 너무 빨리 움직여 리듬을 잃어버리는 경우가 많다. 그럴 경우 당분간은 평소보다 좀더 느린 속도로 다운스윙을 시작하도록 하라. 그리고 완벽한 스윙과 완벽한 샷은 아주 드물게 나온다는 사실도 명심하라.

80퍼센트의 힘으로만 스윙하라

대부분의 골퍼들은 긴 거리의 샷이 남겨졌을 때 특히 본능적으로 더 힘이 들어가는 스윙을 한다. 이때 샷을 세게 하려다가 백스윙 탑에서 다운스윙으로 전환되는 시점의 속도가 높아지면서 템포를 잃게 되는 경향이 있다. 프로 골퍼들은 온 힘을 다해 샷을 하는 경우가 거의 없고 대략 80퍼센트 정도의 힘으로 스윙한다. 부드럽게 스윙을 하면서 템포를 유지한다면 긴 클럽이 스코어를 줄이는 데 크게 기여할 것이다.

바람에 따라 볼의 탄도를 조절하라

바람의 방향을 인지하는 것은 매우 중요하다. 만약에 바람이 부는 방향을 반대로 알고 타깃을 정하여 스윙하면 생각했던 방향과 전혀 다른 곳으로 볼이 날아갈 수도 있다. 바람이 불 때 깃대는 풍속을 가늠하는 잣대로 사용한다. 깃대가 휘어질 정도로 바람이 불면 볼을 높게 쳐서는 안 된다는 뜻이므로, 이 경우 볼의 위치를 바꿔서 탄도를 조절한다. 미들 아이언을 사용할 때는 볼의 위치가 양발의 중앙 바로 앞쪽이 되어야 하지만, 맞바람이 불면 볼을 양발의 가운데서 뒤쪽으로 약 3~5센티미터 정도 옮겨야 한다. 볼의 위치를 평소보다 오른쪽으로 이동한 만큼 볼의 탄도가 낮아지므로 바람의 정도에 따라 조절이 필요하다.

스윙 크기를 줄이라

스윙이 길어질수록 미스 샷이 날 가능성이 커진다. 예를 들어, 야구를 보면 백스윙이 30센티미터에 지나지 않기 때문에 단순하고 반복적인 동작을 하기가 훨씬 쉽다는 것을 알 수 있다. 골프도 스윙이 길어지면 필요 이상의 동작을 하게 되고, 그 결과 샷의 일관성이 떨어지게 된다. 어깨를 완전히 회전하고 손목을 완전히 꺾는다고 가정할 때, 왼팔은 다음의 사진처럼 약 10시 방향까지만 움직여주면 된다. 백스윙이 짧아졌다고 해서 다운스윙을 서둘러서는 절대 안 된다.

Golf declaration

게임 중 무엇보다 중요한 것은 마인드 컨트롤이다. 인간이기에 누구나 실수를 할 수 있다. 중요한 것은 그것을 잊고 다음 샷에 집중하는 일이다.   - 던 쟁킨스(골프 작가)

어떻게 볼을 칠 것인가가 아니라 어떻게 홀을 공략할 것인가가 골프에서 이기는 조건이다.   - 잭 니클라우스

타이거 우즈도, 소렌스탐도 정기적으로 티칭(teaching)을 받는다. 끊임없이 배우지 않고서는 최고가 될 수 없다.   - 벤 호건〔골프의 구신(求神)〕

1. 왜 클럽 샤프트의 길이가 긴 쪽이 비거리가 멀까

클럽이 길수록 볼을 더 멀리 보낼 수 있으나, 관성 모멘트가 커지기 때문에 상대적으로 클럽을 다루기가 어렵다.

클럽 중 볼을 가장 멀리 보낼 수 있는 것은 드라이버인데, 그 중에서도 스윙의 효율을 동일하게 유지할 수 있다면 샤프트의 길이가 긴 드라이버가 볼을 좀 더 멀리 보낼 수 있다. 회전 반경이 커지면 그만큼 클럽 헤드의 스피드가 증가해서 비거리도 증가하기 때문이다. 샤프트의 길이가 대략 48인치까지는 샤프트가 길수록 볼이 잘 날아가지만, 그 이상이 되면 샤프트의 공기 저항이 증가하기 때문에 클럽 헤드의 스피드는 오히려 감소하게 된다.

남자 드라이버의 경우 샤프트의 길이는 대략 44~46인치 정도가 좋다. 더 긴 것을 사용하면 볼이 날아가는 거리를 늘릴 수는 있으나, 볼의 정확도가 떨어진다. 드라이버보다 짧은 3번 우드를 사용할 경우 샤프트의 길이가 약 1인치 정도 짧아지는 것만으로도 스윙하기 쉽다. 그렇다고 무조건 샤프트를 길게 하면 임팩트 시 미스가 날 확률이 확실히 높아지기 때문에 샤프트 길이 선택을 주의해야 한다.

거듭 말하지만, 샤프트의 길이가 길어지면 거리는 증대될 수 있으나 방향성이 다소 떨어진다.

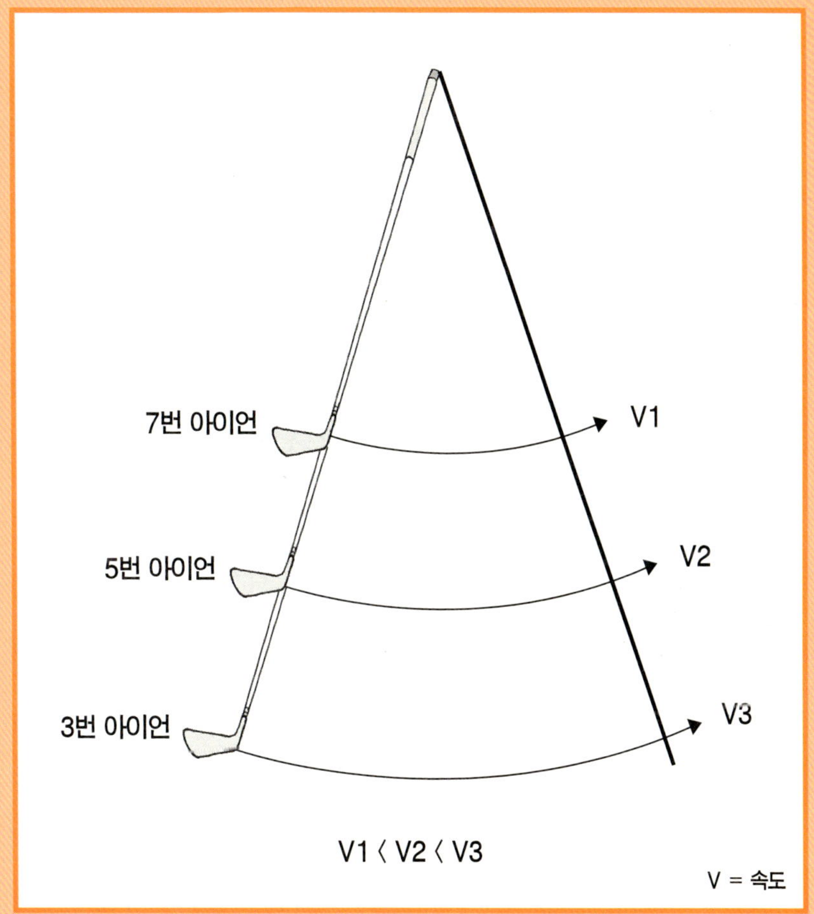

● 클럽에 따른 속도의 관계

2. 볼의 마구누스 효과

물체는 압력이 높은 쪽에서 낮은 쪽으로 휘어지면서 비행하는데, 이것을 마그누스 현상이라 한다.

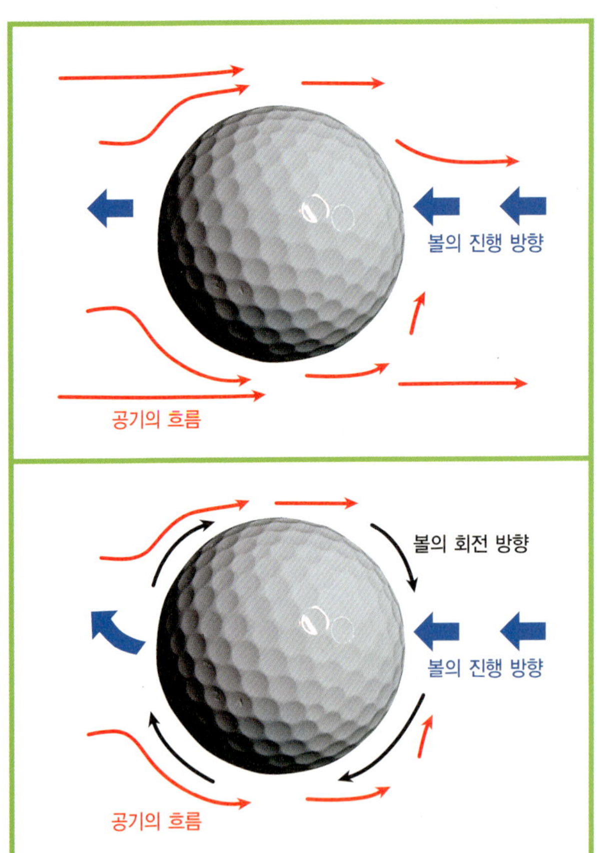

볼이 회전하지 않은 채 진행하면 볼 주변의 공기 흐름은 모든 면에서 동일하다.

볼이 회전하면서 날아가면 볼의 위쪽은 압력이 낮아지고 유속이 빨라지는 반면, 아래쪽은 압력이 높아지고 유속이 느려진다.

볼이 회전하면서 나가면 볼의 진행 방향과 바람의 흐름이 일치하는 쪽에서는 속도가 커지면서 압력이 감소하는 반면, 반대쪽에서는 속도가 작아지면서 압력이 커진다. 그 결과 볼은 회전 방향쪽으로 휜다. 즉, 백스핀 양이 적당히 증가하면 볼이 날아가는 시간이 증가하고 거리도 늘어난다.

한 예로서 드라이버 샷을 진공 상태와 공기 중에서 할 때 어느 쪽의 볼이 멀리 날아가겠는가? 대부분 사람들은 진공 상태에서는 저항이 없으므로 볼이 멀리 날아갈 것이라고 대답할 것이다. 그러나 그렇지 않다. 만약 처음 드라이버 샷의 초속이 대략 70미터라면 공기 중에서는 공중 비거리가 대략 220야드 정도 나오지만, 진공 상태에서는 150야드밖에 나오지 않는다. 왜냐하면 진공 상태에서는 백스핀이 걸린다 하여도 가장 중요한 공기가 없으므로 양력이 발생하지 않기 때문이다. 또한 공기 저항도 없기 때문에 탄도는 아주 낮은 포물선을 그리게 될 것이다.

미들 아이언 샷과 숏 아이언 샷과 같이 볼이 튀어나가는 각도가 큰 경우에 양력은 볼 바로 위에서 작용하지 않고 비스듬히 위쪽을 향하기 때문에 중력의 영향을 감소시키는 효과가 비교적 작다. 따라서 볼이 높을수록 백스핀에 의한 공중 비거리의 증가는 상대적으로 기대할 수 없다. 그렇지만 전체적으로 볼의 비행 각도가 높아지고 볼의 낙하 각도가 커지는 효과는 있다.

일반 아마추어 골퍼들은 백스핀 양이 많으면 무조건 거리가 줄어들 것이라고 생각하는데, 위의 내용을 보면 적당한 백스핀 양은 오히려 거리 증대에 긍정적인 영향을 미친다. 즉 백스핀이 볼이 앞으로 날아갈 수 있는 추진력이 된다.

Golf declaration

승리가 확실해도 마지막 홀에서 무너질 수 있는 게 골프이다. 끝까지 평상심을 유지할 수 있는 강심장이 최종 승리를 위해서는 무엇보다 중요하다.　　　　　　　　　　- 돈 헤럴즈(미국. 작가. 골프를 알게 된 후 한 말)

골프와 천재의 공통점. 골프와 천재는 1퍼센트의 영감과 99퍼센트의 노력으로 만들어진다.
　　　　　　　　　　　　　　　　　- 샘 스니드(역대 미국 PGA 투어 다승왕. 통산 81승. 골프 신중론)

문 학

바늘구멍 켄 폴리트 지음 / 홍영의 옮김
신국판 / 342쪽 / 5,300원

레베카의 열쇠 켄 폴리트 지음 / 손연숙 옮김
신국판 / 492쪽 / 6,800원

암병선 니시무라 쥬코 지음 / 홍영의 옮김
신국판 / 300쪽 / 4,800원

첫키스한 얘기 말해도 될까 김정미 외 7명 지음
신국판 / 228쪽 / 4,000원

사미인곡 上·中·下 김충호 지음
신국판 / 각 권 5,000원

이내의 끝자리 박수완 스님 지음
국판변형 / 132쪽 / 3,000원

너는 왜 나에게 다가서야 했는지 김충호 지음
국판변형 / 124쪽 / 3,000원

세계의 명언 편집부 엮음
신국판 / 322쪽 / 5,000원

여자가 알아야 할 101가지 지혜
제인 아서 엮음 / 지창국 옮김 / 4×6판 / 132쪽 / 5,000원

현명한 사람이 읽는 지혜로운 이야기 이정민 엮음
신국판 / 236쪽 / 6,500원

성공적인 표정이 당신을 바꾼다 마츠오 도오루 지음

홍영의 옮김 / 신국판 / 240쪽 / 7,500원

태양의 법 오오카와 류우호오 지음 / 민병수 옮김
신국판 / 246쪽 / 8,500원

영원의 법 오오카와 류우호오 지음 / 민병수 옮김
신국판 / 240쪽 / 8,000원

석가의 본심 오오카와 류우호오 지음 / 민병수 옮김
신국판 / 246쪽 / 10,000원

옛 사람들의 재치와 웃음 강형중 · 김경익 편저
신국판 / 316쪽 / 8,000원

지혜의 쉼터 쇼펜하우어 지음 / 김충호 엮음
4×6판 양장본 / 160쪽 / 4,300원

헤세가 너에게 헤르만 헤세 지음 / 홍영의 엮음
4×6판 양장본 / 144쪽 / 4,500원

사랑보다 소중한 삶의 의미
크리슈나무르티 지음 / 최윤영 엮음 / 신국판 / 180쪽 / 4,000원

장자-어찌하여 알 속에 털이 있다 하는가
홍영의 엮음 / 4×6판 / 180쪽 / 4,000원

논어-배우고 때로 익히면 즐겁지 아니한가
신도희 엮음 / 4×6판 / 180쪽 / 4,000원

맹자-가까이 있는데 어찌 먼 데서 구하려 하는가
홍영의 엮음 / 4×6판 / 180쪽 / 4,000원

아름다운 세상을 만드는 사랑의 메시지 365
DuMont monte Verlag 엮음 / 정성호 옮김
4×6판 변형 양장본 / 240쪽 / 8,000원

황금의 법 오오카와 류우호오 지음
민병수 옮김 / 신국판 / 320쪽 / 12,000원

왜 여자는 바람을 피우는가? 기젤라 룬테 지음
김현성 · 진정미 옮김 / 국판 / 200쪽 / 7,000원

세상에서 가장 아름다운 선물 김인자 지음
국판변형 / 292쪽 / 9,000원

수능에 꼭 나오는 한국 단편 33 윤종필 엮음 및 해설
신국판 / 704쪽 / 11,000원

수능에 꼭 나오는 한국 현대 단편 소설 윤종필 엮음 및 해설
신국판 / 364쪽 / 11,000원

수능에 꼭 나오는 세계단편(영미권) 지창영 옮김
윤종필 엮음 및 해설 / 신국판 / 328쪽 / 10,000원

수능에 꼭 나오는 세계단편(유럽권) 지창영 옮김
윤종필 엮음 및 해설 / 신국판 / 360쪽 / 11,000원

대왕세종 1 · 2 · 3
박충훈 지음 / 신국판 / 각 권 9,800원

세상에서 가장 소중한 아버지의 선물
최은경 지음 / 신국판 / 144쪽 / 9,500원

건 강

아름다운 피부미용법 이순희(한독피부미용학원 원장)
지음 / 신국판 / 296쪽 / 6,000원

버섯건강요법 김병각 외 6명 지음
신국판 / 286쪽 / 8,000원

성인병과 암을 정복하는 유기게르마늄
이상현 편저 / 캬오 샤오이 감수 / 신국판 / 312쪽 / 9,000원

난치성 피부병 생약효소연구원 지음
신국판 / 232쪽 / 7,500원

新 방약합편 정도명 편역 / 신국판 / 416쪽 / 15,000원

자연치료의학 오홍근(신경정신과 의학박사 · 자연의학박사)
지음 / 신국판 / 472쪽 / 15,000원

약초의 활용과 가정한방 이인성 지음
신국판 / 384쪽 / 8,500원

역전의학 이시하라 유미 지음 / 유태종 감수
신국판 / 286쪽 / 8,500원

이순희식 순수피부미용법 이순희(한독피부미용학원 원장)
지음 / 신국판 / 304쪽 / 7,000원

21세기 당뇨병 예방과 치료법 이현철(연세대 의대 내과 교수)
지음 / 신국판 / 360쪽 / 9,500원

신재용의 민의학 동의보감 신재용(해성한의원 원장) 지음
신국판 / 476쪽 / 10,000원

치매 알면 치매 이긴다 배오성(백상한방병원 원장) 지음
신국판 / 312쪽 / 10,000원

21세기 건강혁명 밥상 위의 보약 생식 최경순 지음
신국판 / 348쪽 / 9,800원

기치유와 기공수련 윤한홍(기치유 연구회 회장) 지음
신국판 / 340쪽 / 12,000원

만병의 근원 스트레스 원인과 퇴치 김지혁(김지혁한의원 원장)
지음 / 신국판 / 324쪽 / 9,500원

김종성 박사의 뇌졸중 119 김종성 지음
신국판 / 356쪽 / 12,000원

탈모 예방과 모발 클리닉 장정훈 · 전재홍 지음
신국판 / 252쪽 / 8,000원

구태규의 100% 성공 다이어트 구태규 지음
4×6판 변형 / 240쪽 / 9,900원

암 예방과 치료법 이춘기 지음
신국판 / 296쪽 / 11,000원

알기 쉬운 위장병 예방과 치료법 민영일 지음
신국판 / 328쪽 / 9,900원

이온 체내혁명 노보루 야마노이 지음 / 김병관 옮김
신국판 / 272쪽 / 9,500원

어혈과 사혈요법 정지천 지음
신국판 / 308쪽 / 12,000원

약손 경락마사지로 건강미인 만들기 고정환 지음
4×6배판 변형 / 284쪽 / 15,000원

정유정의 LOVE DIET 정유정 지음
4×6배판 변형 / 196쪽 / 10,500원

머리에서 발끝까지 예뻐지는 부분다이어트
신상만 · 김선민 지음 / 4×6배판 변형 / 196쪽 / 11,000원

알기 쉬운 심장병 119 박승정 지음
신국판 / 248쪽 / 9,000원

알기 쉬운 고혈압 119 이정균 지음
신국판 / 304쪽 / 10,000원

여성을 위한 부인과질환의 예방과 치료 차선희 지음
신국판 / 304쪽 / 10,000원

알기 쉬운 아토피 119 이승규 · 임승엽 · 김문호 · 안유일
지음 / 신국판 / 232쪽 / 9,500원

120세에 도전한다 이권행 지음
신국판 / 308쪽 / 11,000원

건강과 아름다움을 만드는 요가 정판식 지음
4×6배판 변형 / 224쪽 / 14,000원

우리 아이 건강하고 아름다운 롱다리 만들기 김성훈 지음
대국전판 / 236쪽 / 10,500원

알기 쉬운 허리디스크 예방과 치료 이종서 지음
대국전판 / 336쪽 / 12,000원

소아과 전문의에게 듣는 알기 쉬운 소아과 119 신영규 · 이강우 ·
최성항지음 / 4×6배판 변형 / 280쪽 / 14,000원

피가 맑아야 건강하게 오래 살 수 있다 김영찬 지음
신국판 / 256쪽 / 10,000원

웰빙형 피부 미인을 만드는 나만의 셀프 피부건강
양해원 지음 / 대국전판 / 144쪽 / 10,000원

내 몸을 살리는 생활 속의 웰빙 항암 식품 이승남 지음
대국전판 / 248쪽 / 9,800원

마음한글, 느낌한글 박완식 지음
4×6판 / 300쪽 / 15,000원

웰빙 동의보감식 발마사지 10분 최미희 지음 / 신재용 감수
4×6배판 변형 / 204쪽 / 13,000원

아름다운 몸, 건강한 몸을 위한 목욕 건강 30분 임하성 지음
대국전판 / 176쪽 / 9,500원

내가 만드는 한방생주스 60 김영섭 지음
국판 / 112쪽 / 7,000원

몸을 살리는 건강식품 백은희 · 조창호 · 최양진 지음
신국판 / 384쪽 / 11,000원

건강도 키우고 성적도 올리는 자녀 건강 김진돈 지음
신국판 / 304쪽 / 12,000원

알기 쉬운 간질환 119 이관식 지음
신국판 / 264쪽 / 11,000원

밥으로 병을 고친다 허봉수 지음
대국전판 / 352쪽 / 13,500원

알기 쉬운 신장병 119 김형규 지음
신국판 / 240쪽 / 10,000원

마음의 감기 치료법 우울증 119 이민수 지음
대국전판 / 232쪽 / 9,800원

관절염 119 송영욱 지음
대국전판 / 224쪽 / 9,800원

내 딸을 위한 미성년 클리닉 강병문 · 이향아 · 최정원 지음
국판 / 148쪽 / 8,000원

암을 다스리는 기적의 치유법
케이 세이헤이 감수 / 카와키 나리카즈 지음
민병수 옮김 / 신국판 / 256쪽 / 9,000원

스트레스 다스리기 대한불안장애학회 스트레스관리연구
특별위원회 지음 / 신국판 / 304쪽 / 12,000원

천연 식초 건강법 건강식품연구회 엮음 / 신재용(해성한
의원 원장) 감수 / 신국판 / 252쪽 / 9,000원

암에 대한 모든 것 서울아산병원 암센터 지음
신국판 / 360쪽 / 13,000원

알록달록 컬러 다이어트 이승남 지음
국판 / 248쪽 / 10,000원

불임부부의 희망 당신도 부모가 될 수 있다 정병준 지음
신국판 / 268쪽 / 9,500원

키 10cm 더 크는 키네스 성장법 김양수 · 이종균 · 최형규 ·
표재환 · 김문희 지음 / 대국전판 / 312쪽 / 12,000원

당뇨병 백과 이현철 · 송영득 · 안철우 지음
4×6배판 변형 / 396쪽 / 16,000원

호흡기 클리닉 119 박성학 지음
신국판 / 256쪽 / 10,000원

키 쑥쑥 크는 롱다리 만들기 롱다리 성장클리닉 원장단
지음 / 대국전판 / 256쪽 / 11,000원

내 몸을 살리는 건강식품 백은희 · 조창호 · 최양진 지음
신국판 / 368쪽 / 11,000원

내 몸에 맞는 운동과 건강
하철수 지음 / 신국판 / 264쪽 / 11,000원

교 육

우리 교육의 창조적 백색혁명 원상기 지음
신국판 / 206쪽 / 6,000원

현대생활과 체육 조창남 외 5명 공저
신국판 / 340쪽 / 10,000원

퍼펙트 MBA IAE유학네트 지음
신국판 / 400쪽 / 12,000원

유학길라잡이 Ⅰ－미국편 IAE유학네트 지음
4×6배판 / 372쪽 / 13,900원

유학길라잡이 Ⅱ－ 4개국편 IAE유학네트 지음
4×6배판 / 348쪽 / 13,900원

조기유학길라잡이.com IAE유학네트 지음
4×6배판 / 428쪽 / 15,000원

현대인의 건강생활 박상호 외 5명 공저
4×6배판 / 268쪽 / 15,000원

천재아이로 키우는 두뇌훈련 나카마츠 요시로 지음
민병수 옮김 / 국판 / 288쪽 / 9,500원

두뇌혁명 나카마츠 요시로 지음 / 민병수 옮김
4×6판 양장본 / 288쪽/ 12,000원

테마별 고사성어로 익히는 한자 김경익 지음
4×6배판 변형 / 248쪽 / 9,800원

生생 공부비법 이은승 지음
대국전판 / 272쪽 /9,500원

자녀를 성공시키는 습관만들기 배은경 지음
대국전판 / 232쪽 / 9,500원

한자능력검정시험 1급 한자능력검정시험연구위원회 편저
4×6배판 / 568쪽 / 21,000원

한자능력검정시험 2급 한자능력검정시험연구위원회 편저
4×6배판 / 472쪽 / 18,000원

한자능력검정시험 3급(3급Ⅱ) 한자능력검정시험연구위원회
편저/ 4×6배판 / 440쪽 / 17,000원

한자능력검정시험 4급(4급Ⅱ) 한자능력검정시험연구위원회
편저 / 4×6배판 / 352쪽 / 15,000원

한자능력검정시험 5급 한자능력검정시험연구위원회
편저 / 4×6배판 / 264쪽 / 11,000원

한자능력검정시험 6급 한자능력검정시험연구위원회 편저
4×6배판 / 168쪽 / 8,500원

한자능력검정시험 7급 한자능력검정시험연구위원회 편저
4×6배판 / 152쪽 / 7,000원

한자능력검정시험 8급 한자능력검정시험연구위원회 편저
4×6배판 / 112쪽 / 6,000원

볼링의 이론과 실기 이태상 지음
신국판 / 192쪽 / 9,000원

고사성어로 끝내는 천자문 조준상 글 · 그림
4×6배판 / 216쪽 / 12,000원

내 아이 스타 만들기 김민성 지음
신국판 / 200쪽 / 9,000원

교육 1번지 강남 엄마들의 수험생 자녀 관리 황송주 지음
신국판 / 288쪽 / 9,500원

초등학생이 꼭 알아야 할 위대한 역사 상식 우진영 · 이양경
지음 / 4×6배판변형 / 228쪽 / 9,500원

초등학생이 꼭 알아야 할 행복한 경제 상식 우진영 · 전선심
지음 / 4×6배판변형 / 224쪽 / 9,500원

초등학생이 꼭 알아야 할 재미있는 과학상식 우진영 · 정경희
지음 / 4×6배판변형 / 220쪽 / 9,500원

한자능력검정시험 3급 · 3급Ⅱ 한자능력검정시험연구
위원회 편저 / 4×6판 / 380쪽 /7,500원

교과서 속에 꼭꼭 숨어있는 이색박물관 체험 이신화 지음
대국전판 / 248쪽 / 12,000원

초등학생 독서 논술(저학년) 책마루 독서교육연구회 지음
4×6배판 변형 / 244쪽 / 14,000원

초등학생 독서 논술(고학년) 책마루 독서교육연구회 지음
4×6배판 변형 / 236쪽 / 14,000원

놀면서 배우는 경제 김솔 지음
대국전판 / 196쪽 / 10,000원

건강생활과 레저스포츠 즐기기 강선희 외 11명 공저
4×6배판 / 324쪽 / 18,000원

아이의 미래를 바꿔주는 좋은 습관
배은경 지음 / 신국판 / 216쪽 / 9,500원

취미 · 실용

김진국과 같이 배우는 와인의 세계
김진국 지음 / 국배판 변형양장본(올 컬러판) / 208쪽 / 30,000원

경제 · 경영

CEO가 될 수 있는 성공법칙 101가지 김승룡 편역
신국판 / 320쪽 / 9,500원

정보소프트 김승룡 지음 / 신국판 / 324쪽 / 6,000원

기획대사전 다카하시 겐코 지음 / 홍영의 옮김
신국판 / 552쪽 / 19,500원

맨손창업 · 맞춤창업 BEST 74 양혜숙 지음
신국판 / 416쪽 / 12,000원

무자본, 무점포 창업! FAX 한 대면 성공한다
다카시로 고시 지음 / 홍영의 옮김 / 신국판 / 226쪽 /7,500원

성공하는 기업의 인간경영 중소기업 노무 연구회 편저
홍영의 옮김 / 신국판 / 368쪽 / 11,000원

21세기 IT가 세계를 지배한다 김광희 지음
신국판 / 380쪽 / 12,000원

경제기사로 부자아빠 만들기 김기태 · 신현태 · 박근수
공저 / 신국판 / 388쪽 / 12,000원

포스트 PC의 주역 정보가전과 무선인터넷 김광희 지음
신국판 / 356쪽 / 12,000원

성공하는 사람들의 마케팅 바이블 채수명 지음
신국판 / 328쪽 / 12,000원

느린 비즈니스로 돌아가라 사카모토 게이이치 지음
정성호 옮김 / 신국판 / 276쪽 / 9,000원

적은 돈으로 큰돈 별 수 있는 부동산 재테크 이원재 지음
신국판 / 340쪽 / 12,000원

바이오혁명 이주영 지음 / 신국판 / 328쪽 / 12,000원

성공하는 사람들의 자기혁신 경영기술 채수명 지음
신국판 / 344쪽 / 12,000원

CFO 교텐 토요오 · 타하라 오키시 지음 / 민병수 옮김
신국판 / 312쪽 / 12,000원

네트워크시대 네트워크마케팅 임동학 지음
신국판 / 376쪽 /12,000원

성공리더의 7가지 조건 다이앤 트레이시 · 윌리엄 모건
지음 / 지창영 옮김 / 신국판 / 360쪽 / 13,000원

김종결의 성공창업 김종결 지음 / 신국판 / 340쪽 / 12,000원

최적의 타이밍에 내 집 마련하는 기술 이원재 지음
신국판 / 248쪽 / 10,500원

컨설팅 세일즈 *Consulting sales* 임동학 지음
대국전판 / 336쪽 / 13,000원

연봉 10억 만들기 김농주 지음 / 국판 / 216쪽 / 10,000원

주5일제 근무에 따른 한국형 주말창업 최효진 지음
신국판 변형 양장본 / 216쪽 / 10,000원

돈 되는 땅 돈 안되는 땅 김영준 지음
신국판 / 320쪽 / 13,000원

돈 버는 회사로 만들 수 있는 109가지 다카하시 도시
노리 지음 / 민병수 옮김 / 신국판 / 344쪽 / 13,000원

프로는 디테일에 강하다 김미현 지음
신국판 / 248쪽 / 9,000원

머니투데이 송복규 기자의 부동산으로 주머니돈 100배 만들기
송복규 지음 / 신국판 / 328쪽 / 13,000원

성공하는 슈퍼마켓&편의점 창업 나명환 지음
4×6배판 변형 / 500쪽 / 28,000원

대한민국 성공 재테크 부동산 펀드와 리츠로 승부하라
김영준 지음 / 신국판 / 256쪽 / 12,000원

마일리지 200% 활용하기 박성희 지음
국판 변형 / 200쪽 / 8,000원

1%의 가능성에 도전, 성공 신화를 이룬 여성 CEO
김미현 지음 / 신국판 / 248쪽 / 9,500원

3천만 원으로 부동산 재벌 되기 최수길 · 이숙 · 조연희 지음
신국판 / 290쪽 / 12,000원

10년을 앞설 수 있는 재테크 노동규 지음
신국판 / 260쪽 / 10,000원

세계 최강을 추구하는 도요타 방식 나카야마 키요타카
지음 / 민병수 옮김 / 신국판 / 296쪽 / 12,000원

최고의 설득을 이끌어내는 프레젠테이션 조두환 지음
신국판 / 296쪽 / 11,000원

최고의 만족을 이끌어내는 창의적 협상 조강희 · 조원희 지음
신국판 / 248쪽 / 10,000원

New 세일즈 기법 물건을 팔지 말고 가치를 팔아라
조기선 지음 / 신국판 / 264쪽 / 9,500원

작은 회사는 전략이 달라야 산다 황문진 지음
신국판 / 312쪽 / 11,000원

돈되는 슈퍼마켓&편의점 창업전략(입지 편)
나명환 지음 / 신국판 / 352쪽 / 13,000원

25 · 35 꼼꼼 여성 재테크
정원훈 지음 / 신국판 / 224쪽 / 11,000원

대한민국 2030 독특하게 창업하라
이상헌 · 이호 지음 / 신국판 / 288쪽 / 12,000원

왕초보 주택 경매로 돈 벌기
천관성 지음 / 신국판 / 268쪽 / 12,000원

New 마케팅 기법 (실천편) 물건을 팔지 말고 가치를 팔아라 2
조기선 지음 / 신국판 / 240쪽 / 10,000원

주 식

개미군단 대박맞이 주식투자 홍성걸(한양증권 투자분석
팀 팀장) 지음 / 신국판 / 310쪽 / 9,500원

알고 하자! **돈 되는 주식투자** 이길영 외 2명 공저
신국판 / 388쪽 / 12,500원

항상 당하기만 하는 개미들의 매도 · 매수타이밍 **999% 적중 노하우**
강경무 지음 / 신국판 / 336쪽 / 12,000원

부자 만들기 주식성공클리닉 이창희 지음
신국판 / 372쪽 / 11,500원

선물 · 옵션 이론과 실전매매 이창희 지음
신국판 / 372쪽 / 12,000원

너무나 쉬워 재미있는 주가차트 홍성무 지음
4×6배판 / 216쪽 / 15,000원

주식투자 직접 투자로 높은 수익을 올릴 수 있는 비결
김학균 지음 / 신국판 / 230쪽 / 11,000원

역 학

역리종합 **만세력** 정도명 편저
신국판 / 532쪽 / 10,500원

작명대전 정보국 지음
신국판 / 460쪽 / 12,000원

하락이수 해설 이천교 편저
신국판 / 620쪽 / 27,000원

현대인의 창조적 **관상과 수상** 백운산 지음
신국판 / 344쪽 / 9,000원

대운용신영부적 정재원 지음
신국판 양장본 / 750쪽 / 39,000원

사주비결활용법 이세진 지음
신국판 / 392쪽 / 12,000원

컴퓨터세대를 위한 新 **성명학대전** 박용찬 지음
신국판 / 388쪽 / 11,000원

길흉화복 꿈풀이 비법 백운산 지음
신국판 / 410쪽 / 12,000원

새천년 **작명컨설팅** 정재원 지음
신국판 / 492쪽 / 13,900원

백운산의 **신세대 궁합** 백운산 지음
신국판 / 304쪽 / 9,500원

동자삼 작명학 남시모 지음 / 신국판 / 496쪽 / 15,000원
구성학의 기초 문길여 지음 / 신국판 / 412쪽 / 12,000원
소울음소리 이건우 지음 / 신국판 / 314쪽 / 10,000원

법률일반

여성을 위한 **성범죄 법률상식** 조명원(변호사) 지음
신국판 / 248쪽 / 8,000원

아파트 난방비 75% 절감방법 고영근 지음
신국판 / 238쪽 / 8,000원

일반인이 꼭 알아야 할 절세전략 173선
최성호(공인회계사) 지음 / 신국판 / 392쪽 / 12,000원

변호사와 함께하는 **부동산 경매** 최환주(변호사) 지음
신국판 / 404쪽 / 13,000원

혼자서 쉽고 빠르게할 수 있는 **소액재판** 김재용 · 김종철 공저
신국판 / 312쪽 / 9,500원

"술 한 잔 사겠다" 는 말에서 찾아보는 **채권 · 채무**
변환철(변호사) 지음 / 신국판 / 408쪽 / 13,000원

알기쉬운 **부동산 세무 길라잡이** 이건우(세무서 재산계장) 지음
신국판 / 400쪽 / 13,000원

알기쉬운 **어음, 수표 길라잡이** 변환철(변호사) 지음
신국판 / 328쪽 / 11,000원

제조물책임법 강동근(변호사) · 윤종성(검사) 공저
신국판 / 368쪽 / 13,000원

알기 쉬운 **주5일근무에 따른 임금 · 연봉제 실무**
문강분(공인노무사) 지음 / 4×6배판 변형 / 544쪽 / 35,000원

변호사 없이 당당히 이길 수 있는 **형사소송** 김대환 지음
신국판 / 304쪽 / 13,000원

변호사 없이 당당히 이길 수 있는 **민사소송** 김대환 지음
신국판 / 412쪽 / 14,500원

혼자서 해결할 수 있는 **교통사고 Q&A** 조명원(변호사) 지음
신국판 / 336쪽 / 12,000원

알기 쉬운 **개인회생 · 파산 신청법** 최재구(법무사) 지음
신국판 / 352쪽 / 13,000원

생활법률

부동산 생활법률의 기본지식 대한법률연구회 지음
김원중(변호사) 감수 / 신국판 / 472쪽 / 13,000원

고소장 · 내용증명 생활법률의 기본지식 하태웅(변호사) 지음
신국판 / 440쪽 / 12,000원

노동 관련 생활법률의 기본지식 남동희(공인노무사) 지음
신국판 / 528쪽 / 14,000원

외국인 근로자 생활법률의 기본지식 남동희(공인노무사) 지음
신국판 / 400쪽 / 12,000원

계약작성 생활법률의 기본지식 이상도(변호사) 지음
신국판 / 560쪽 / 14,500원

지적재산 생활법률의 기본지식 이상도(변호사) · 조의제(변
리사) 공저 / 신국판 / 496쪽 / 14,000원

부당노동행위와 부당해고 생활법률의 기본지식
박영수(공인노무사) 지음 / 신국판 / 432쪽 / 14,000원

주택 · 상가임대차 생활법률의 기본지식
김운용(변호사) 지음 / 신국판 / 480쪽 / 14,000원

하도급거래 생활법률의 기본지식
김진홍(변호사) 지음 / 신국판 / 440쪽 / 14,000원

이혼소송과 재산분할 생활법률의 기본지식
박동섭(변호사) 지음 / 신국판 / 460쪽 / 14,000원

부동산등기 생활법률의 기본지식
정상태(법무사) 지음 / 신국판 / 456쪽 / 14,000원

기업경영 생활법률의 기본지식
안동섭(단국대 교수) 지음 / 신국판 / 466쪽 / 14,000원

교통사고 생활법률의 기본지식
박정무(변호사) · 전병찬 공저 / 신국판 / 480쪽 / 14,000원

소송서식 생활법률의 기본지식
김대환 지음 / 신국판 / 480쪽 / 14,000원

호적 · 가사소송 생활법률의 기본지식
정주수(법무사) 지음 / 신국판 / 516쪽 / 14,000원

新**상속과 세금 생활법률**의 기본지식
박동섭(변호사) 지음 / 신국판 / 492쪽 / 14,500원

남보 · 보증 생활법률의 기본지식
류창호(법학박사) 지음 / 신국판 / 436쪽 / 14,000원

소비자보호 생활법률의 기본지식
김성천(법학박사) 지음 / 신국판 / 504쪽 / 15,000원

판결 · 공정증서 생활법률의 기본지식
정상태(법무사) 지음 / 신국판 / 312쪽 / 13,000원

산업재해보상보험 생활법률의 기본지식
정유석(공인노무사) 지음 / 신국판 / 384쪽 / 14,000원

여성 · 실용

결혼 준비, 이제 놀이가 된다 김창규 · 김수경 · 김정철 지음
4×6배판 변형 / 230쪽 / 13,000원

처 세

성공적인 삶을 추구하는 여성들에게 우먼파워 조안 커너 · 모이라 레이너 공저 / 지창영 옮김 / 신국판 / 352쪽 / 8,800원

聽 **이익이 되는 말** 話 **손해가 되는 말** 우메시마 미요 지음 / 정성호 옮김 / 신국판 / 304쪽 / 9,000원

성공하는 사람들의 **화술테크닉** 민영욱 지음 / 신국판 / 320쪽 / 9,500원

부자들의 생활습관 가난한 사람들의 생활습관 다케우치 야스오 지음 / 홍영의 옮김 / 신국판 / 320쪽 / 9,800원

코끼리 귀를 당긴 원숭이-히딩크식 창의력을 배우자 강충인 지음 / 신국판 / 208쪽 / 8,500원

성공하려면 유머와 위트로 무장하라 민영욱 지음 / 신국판 / 292쪽 / 9,500원

동소평의 **오뚝이전략** 조창남 편저 / 신국판 / 304쪽 / 9,500원

노무현 화술과 화법을 통한 이미지 변화 이현정 지음 / 신국판 / 320쪽 / 10,000원

성공하는 사람들의 **토론의 법칙** 민영욱 지음 / 신국판 / 280쪽 / 9,500원

사람은 칭찬을 먹고산다 민영욱 지음 / 신국판 / 268쪽 / 9,500원

사과의 기술 김농주 지음 / 국판 변형 양장본 / 200쪽 / 10,000원

취업 경쟁력을 높여라 김농주 지음 / 신국판 / 280쪽 / 12,000원

유비쿼터스시대의 블루오션 전략 최양진 지음 / 신국판 / 248쪽 / 10,000원

나만의 블루오션 전략-화술편 민영욱 지음 / 신국판 / 254쪽 / 10,000원

희망의 씨앗을 뿌리는 20대를 위하여 우광균 지음 / 신국판 / 172쪽 / 8,000원

끌리는 사람이 되기위한 이미지 컨설팅 홍순아 지음 / 대국전판 / 194쪽 / 10,000원

글로벌 리더의 소통을 위한 스피치 민영욱 지음 / 신국판 / 328쪽 / 10,000원

오바마처럼 꿈에 미쳐라 정영순 지음 / 신국판 / 208쪽 / 9,500원

여자 30대, 내 생애 최고의 인생을 만들어라 정영순 지음 / 신국판 / 256쪽 / 11,500원

명 상

명상으로 얻는 깨달음 달라이 라마 지음 / 지창영 옮김 / 국판 / 320쪽 / 9,000원

어 학

2진법 영어 이상도 지음 / 4×6배판 변형 / 328쪽 / 13,000원

한 방으로 끝내는 영어 고제윤 지음 / 신국판 / 316쪽 / 9,800원

한 방으로 끝내는 영단어 김승엽 지음 / 김수경 · 카렌다 감수 / 4×6배판 변형 / 236쪽 / 9,800원

해도해도 안 되던 영어회화 **하루에 30분씩 90일이면 끝낸다** Carrot Korea 편집부 지음 / 4×6배판 변형 / 260쪽 / 11,000원

바로 활용할 수 있는 **기초생활영** 김수경 지음 / 신국판 / 240쪽 / 10,000원

바로 활용할 수 있는 **비즈니스영어** 김수경 지음 / 신국판 / 252쪽 / 10,000원

생존영어55 홍일록 지음 / 신국판 / 224쪽 / 8,500원

필수 여행영어회화 한현숙 지음 / 4×6판 변형 / 328쪽 / 7,000원

필수 여행일어회화 윤영자 지음 / 4×6판 변형 / 264쪽 / 6,500원

필수 여행중국어회화 이은진 지음 / 4×6판 변형 / 256쪽 / 7,000원

영어로 배우는 중국어 김승엽 지음 / 신국판 / 216쪽 / 9,000원

필수 여행스페인어회화 유연창 지음 / 4×6판 변형 / 288쪽 / 7,000원

바로 활용할 수 있는 **홈스테이 영어** 김형주 지음 / 신국판 / 184쪽 / 9,000원

필수 여행러시아어회화 이은수 지음 / 4×6판 변형 / 248쪽 / 7,500원

레 포 츠

수열이의 브라질 축구 탐방 **삼바 축구, 그들은 강하다** 이수열 지음 / 신국판 / 280쪽 / 8,500원

마라톤, 그 아름다운 도전을 향하여 빌 로저스 · 프리실라 웰치 · 조 헨더슨 공저 / 오인환 감수 / 지창영 옮김 4×6배판 / 320쪽 / 15,000원

퍼팅 메커닉 이근택 지음 / 4×6배판 변형 / 192쪽 / 18,000원

아마골프 가이드 정영호 지음 / 4×6배판 변형 / 216쪽 / 12,000원

인라인스케이팅 100%즐기기 임미숙 지음 / 4×6배판 변형 / 172쪽 / 11,000원

배스낚시 테크닉 이종건 지음 / 4×6배판 / 440쪽 / 20,000원

나도 디지털 전문가 될 수 있다!!! 이승훈 지음 / 4×6배판 / 320쪽 / 19,200원

스키 100% 즐기기 김동환 지음 / 4×6배판 변형 / 184쪽 / 12,000원

태권도 총론 하웅의 지음 / 4×6배판 / 288쪽 / 15,000원

건강하고 아름다운 **동양란 기르기** 난마을 지음 / 4×6배판 변형 / 184쪽 / 12,000원

수영 100% 즐기기 김종만 지음 / 4×6배판 변형 / 248쪽 / 13,000원

애완견114 황양원 엮음 / 4×6배판 변형 / 228쪽 / 13,000원

건강을 위한 **웰빙 걷기** 이강옥 지음 / 대국전판 / 280쪽 / 10,000원

우리 땅 우리 문화가 살아 숨쉬는 **옛터** 이형권 지음 / 대국전판 올컬러 / 208쪽 / 9,500원

아름다운 **산사** 이형권 지음 / 대국전판 올컬러 / 208쪽 / 9,500원

골프 100타 깨기 김준모 지음 / 4×6배판 변형 / 136쪽 / 10,000원

쉽고 즐겁게! 신나게! 배우는 **재즈댄스** 최재선 지음 / 4×6배판 변형 / 200쪽 / 12,000원

맛과 멋이 있는 낭만의 **카페** 박성찬 지음 / 대국전판 올컬러 / 168쪽 / 9,900원

한국의 숨어 있는 아름다운 **풍경** 이종원 지음 / 대국전판 올컬러 / 208쪽 / 9,900원

사람이 있고 자연이 있는 아름다운 **명산** 박기성 지음 / 대국전판 올컬러 / 176쪽 / 12,000원

마음의 고향을 찾아가는 여행 **포구** 김인자 지음 / 대국전판 올컬러 / 224쪽 / 14,000원

골프 90타 깨기 김광섭 지음 / 4×6배판 변형 / 148쪽 / 11,000원

생명이 살아 숨쉬는 한국의 아름다운 **강** 민병준 지음 / 대국전판 올컬러 / 168쪽 / 12,000원

틈나는 대로 **세계여행** 김재관 지음 / 4×6배판 변형 올컬러 / 368쪽 / 20,000원

KLPGA **최여진 프로의 센스 골프** 최여진 지음 / 4×6배판 변형 올컬러 / 192쪽 / 13,900원

해양스포츠 카이트보딩 김남용 편저 / 신국판 올컬러 / 152쪽 / 18,000원

KTPGA **김준모 프로의 파워 골프** 김준모 지음 / 4×6배판 변형 올컬러 / 192쪽 / 13,900원

골프 80타 깨기 오태훈 지음 / 4×6배판 변형 / 132쪽 / 10,000원

신나는 골프 세상 유응열 지음 / 4×6배판 변형 올컬러 / 232쪽 / 16,000원

풍경 속을 걷는 즐거움 **명상 산책** 김인자 지음 / 대국전판 올컬러 / 224쪽 / 14,000원

이신 프로의 **더 퍼펙트** 이신 지음 / 국배판 / 336쪽 / 28,000원

주니어 출신 박영진 프로의 **주니어 골프** 박영진 지음 / 4×6배판 변형 올컬러 / 164쪽 / 11,000원

골프손자병법 유응열 지음 / 4×6배판 변형 올컬러 / 212쪽 / 16,000원

3.3.7 세계여행 김완수 지음 / 4×6배판 변형 올컬러 / 280쪽 / 12,900원

박영진 프로의 **주말 골퍼 100타 깨기** 박영진 지음 / 4×6배판 변형 올컬러 / 160쪽 / 12,000원

10타 줄여주는 **클럽 피팅** 현세용 · 서주석 공저 / 4×6배판 변형 / 184쪽 / 15,000원

단기간에 싱글이 될 수 있는 **원포인트 레슨** 권용진 · 김준모 지음 / 4×6배판 변형 올컬러 / 152쪽 / 12,500원

단기간에 싱글이 될 수 있는
원포인트 레슨

2008년 7월 10일 제1판 1쇄 발행

지은이/권용진 · 김준모
펴낸이/강선희
펴낸곳/가림출판사

등록/1992. 10. 6. 제4-191호
주소/서울시 광진구 구의동 57-71 부원빌딩 4층
대표전화/458-6451　　팩스/458-6450
홈페이지　http://www.galim.co.kr
e-mail　galim@galim.co.kr

값 12,500원

ⓒ 권용진 · 김준모, 2008

저자와의 협의하에 인지를 생략합니다.

불법복사는 지적재산을 훔치는 범죄행위입니다.
저작권법 제97조의 5(권리의 침해죄)에 따라 위반자는 5년 이하의 징역
또는 5천만 원 이하의 벌금에 처하거나 이를 병과할 수 있습니다.

ISBN 978-89-7895-296-5 03690

가림출판사 · 가림M&B · 가림Let's의 홈페이지(http://www.galim.co.kr)에 들어오시면 가림출판사 · 가림M&B · 가림Let's의 신간도서 및 출간 예정 도서를 포함한 모든 책들을 만나실 수 있습니다.
온라인 서점을 통하여 직접 도서 구입도 하실 수 있으며 가림 홈페이지 내에서 전국 대형 서점들의 사이트에 링크하시어 종합 신간 안내 및 각종 도서 정보, 책과 관련된 문화 정보를 받아보실 수 있습니다.
또한 홈페이지 방문시 회원으로 가입하시면 신간 안내 자료를 보내드립니다.